新入社員はなぜ「期待はずれ」なのか

失敗しないための採用・面接・育成

樋口弘和

JN264995

光文社新書

はじめに

〝企業と学生のマッチング〟はなぜ不要だったのか？

「3年3割」といわれる若者の早期離職現象は、実質的にはバブル崩壊後の1995年頃より目立つようになっており、日本経済の環境変化による企業の新規採用数（意欲）の増減にかかわらず続いています。とくに入社初年度から2年目における離職が増えており、これは明らかに採用ミスから起こっていると思われます。

私たち日本企業が、当たり前のように毎年おこなってきた新卒定期採用――技術が進歩し、経済が毎年成長し、若手労働人口がどんどん増えていく時代には、これ以上ないベストな人材調達方法であったと思います。当時は、マッチングなどという言葉はなく、企業は出身大学名と面接での印象を頼りにし、また学生は企業規模や安定性、選考で会った人たちとの相性などで決めていたものでした。時代の成長が後押しとなり、そんな採用でも、一度入社を決めたら若者たちは企業への忠誠心を発揮し、先輩や上司から教わることを迷わず学んでいったのです。そして数年もすれば、企業の常識に染まった立派な企業戦士ができあがる、というわけです。

こういう幸せな時代の採用は簡単でした。若者にとって、高校や大学の選択の延長が就職活動ですから、学生の出身大学と企業ブランドの格同士がマッチングしていることが重要なことであり、あとは選考過程でのふれあいの中で「まあ自分に合っていそうだなあ」と感じることができれば、いまのように入社後3年で辞めるようなこともまずなかったからです。

時代は変わり、**いまの若者はきちんとマッチングし、入社後もかまってあげないと簡単に会社を辞めてしまいます**。ただし、一方で、いまでも7割の若者と企業はしっかりと育成をおこない、その組織力をつけているのです。私は、この時代、入社後3年で辞める若者は、企業を選ぶ力や能力そのものが低いと見ています。同時に、多くの若者に辞められている企業も採用力、育成力の乏しい企業であろうと考えています。

つまり、以前のような古き良き時代の採用、就職活動は通用しなくなっており、早期離職企業は高まる採用コストが収益を圧迫し、若者は同様の失敗を次の転職でも繰り返し、市場価値を落としていく危険性が高いのです。

それでは、採用の現場はどのように変化しているのでしょうか？

「採用氷河期」あるいは「就職温暖化」、そして世界金融危機を受けて、いまふたたび「就職氷河期」が来るのでは？　などといわれていますが、実際には、就活生にとって「就職温暖化」の時期など起きていなかったと私は思います。08年度採用の人たちに聞くと、多くの学生から「大変だった」と聞き、やっぱりなあ、と思いました。

長かった就職氷河期が終わり、有効求人倍率が２・14倍（ワークス大卒求人倍率調査08年卒）と16年ぶりに２倍を超えたといったデータから、学生の「売り手市場」がやってきたと騒がれました。この数年ではなかったような規模で、採用人数を増やした企業もありました。いかにも「売り手市場」になりそうでしたが、実態はそれほど浮かれたものではなかったのです。

かつての「売り手市場」を思い返してみてください。バブル期には学生を接待したり、旅行させたりといった、ちやほやするような企業がよく話題になりました。でも近年は、そこまでする光景はほとんど見られませんでした。大学名だけ、成績だけで、あとはろくに人物評価をせずに人数だけ確保しよう、などといった企業はほとんどないはずです。それだけ企業側も学習しているのです。学生も企業も真剣にマッチングを考えるようになったいま、実際のところ「温暖化」は起きていなかったのです。

本当のマッチングがはじまった

若者の人口がこの15年で30％も減るような時代です。企業も、低成長時代を20年近く経験し、必要な人材像は、高度成長期で求めたそれとは随分違うことがわかってきました。一般的な採用基準で採用しても、「期待はずれ」で上手く力が発揮できなかったり、育てられなかったり、最悪の場合、早期離職したりと、なかなか上手くいかないことがわかってきました。そこで企業は、原点に立ち返って「**自社で採用すべき人材とは**」を真剣に考えるようになっています。

こうした企業は、仮に好景気で採用人数を増やしても、同時に「自社で求める人材」を採用したい、と考えているのです。この傾向はいわゆる一流企業や、今後の成長が期待できる企業ほど強いでしょう。なぜなら、**人材次第で、ビジネスそのものが変わるからです。採用**

を誤ると、育成も大変になるし、さらに会社の将来が危うくなることがわかっているからです。

企業側からすれば、マッチングを重視すると、予定通りの人数を採用できない恐れがあります。それを覚悟のうえで、「誰でもいいから採ろう」とはなかなかいわなくなったのです。だから、「売り手市場なのだから引く手あまたのはず」と甘い期待を抱いていた学生たちにしてみれば、「意外にも楽ではなかった」のです。真面目に就職活動する学生からみれば、市場の多少の優位性などあまり関係ないですし、そういうことに一喜一憂する企業は「質」よりも「大学ブランド」と「採用数」しか考えていないようなところだけだったのです。つまり真剣なマッチングをしている企業と学生にとっては、求人倍率などあまり当てにならない時代になったということです。

「なんとなく就活」の時代は終わった

いまどきの学生は就職先を選ぶとき、まずは、自分はどんな仕事に就きたいのかを考え、そのために自己分析をして、自分の能力や適性を客観的に理解していこうとします。

以前であれば、限られた時間の中で、学生が「いいなぁ」と感じた企業に決めていくという、いわゆる「ご縁」を大事にするマッチングも多かったと思います。「せっかく熱心にお誘いいただいたし、これも何かの縁だから、よろしくお願いします」といった具合です。

私が横河ヒューレット・パッカード（現・日本ヒューレット・パッカード。以下、HPと省略）に入ったのは、就職雑誌に「ボーナスが年間で12ヶ月」とあって、当時は無名の企業でしたが、「とりあえずおもしろそうだから」と受けてみたのがきっかけでした。ですから、事業内容などはさっぱりわかりませんでしたが、訪問するたびに惹かれていき、入社を決意しました。

いまの学生は、私のような適当な就活をしないでしょう。方法論はいろいろですが、自分を見つめ、企業というものを理解しようと真剣に情報収集を試みているはずです。

一つの例ですが、08年入社のある若手は、大学3年の1月中旬頃から就職活動を開始したそうです。ちょっと遅めのスタートですが、親しい先輩から「どこでもいいから行け」とアドバイスされて、業界を絞らず企業を訪問して話を聞いてみたそうです。個別企業をできるだけ訪問し、話をきちんと聞くことを重視したのです。このような企業との生《なま》のコミュニケーション活動の中で、自分の適性ややりがいを見つけ、それに合った企業を探したといいます。

また、「業種や企業規模、仕事内容などをいくら聞いても、企業を絞ることがまったくできなかった」という女子大生もいました。自分がどういう企業に入りたいか、どういう仕事をしたいのかも、就職活動をしていて、よくわかっていなかったそうです。彼女の場合は、天性の直感力にかけて、惹かれる会社の説明会に行っては、先輩社員と話をするなどして、最後は「ここだ！」という企業を選んだそうです。

このように多くの学生が、自分と企業のマッチングに真剣に取り組んでいます。わからないながらも、必死にやっているのです。ハウツー本やネット情報に振り回されている人もいる一方、そうしたものはあまり参考にせず、自らの直感を頼りに、といったやり方をしている人もたくさんいます。

採用する企業も、優秀な学生のこうした変化に対応して、適切なマッチングを図る必要があります。

冒頭から厳しい話をしてしまいましたが、見方を変えれば希望を見出すことはできます。生まれたばかりのベンチャー企業にも、知名度の劣る中小企業にも、優秀な社員を獲得するチャンスが以前より格段に広がりました。本書では、人事・採用のアウトソーシングとコンサルティングを手掛ける当社や、クライアントの事例を紹介しながら、こうした中小企業でも、どのような戦略が成果を生む採用なのかをお話ししたいと思います。

この本は、経営者や人事担当者の方々はもちろんのこと、部下の定着や育成に悩む管理職の方々や、成長意欲と環境のギャップで悩む若者、およびこれから就職活動をおこなう学生の方々のお役に立てればと思い、筆をとってみました。

企業と学生の双方にとってミスマッチのない採用が実現し、新入社員に「期待どおり」のパフォーマンスを発揮してもらうための参考になれば幸いです。

目次　新入社員はなぜ「期待はずれ」なのか

第一部　成長を焦る若者、教えられない上司

第2章　こんなはずではなかった⁉——採用ミスの「真相」

優秀なはずなのに30社も落ちる／やりたい仕事vs向いている仕事／「察する力」の劣化／自分の市場価値は自分の責任で／尊敬する人は両親／まずは「ダメ人材」をつかまない！／①急増する草食獣／②受験勉強だけのスペシャリストに要注意／③語学力や資格に弱い日本人／④二浪、二留以上はリスキー／⑤頑ななマイペース学生／⑥家庭教師、塾講師はアルバイトの王道だが……／⑦情報メタボな若者たち／⑧マニュアルを鵜呑みにする「ハウツー君」／⑨誰もが採用したくなるルックス／⑩幻想にすぎないキャリアビジョン

試験で人材のタイプはおおよそわかる／適性試験の結果を面接で確認する／適性試験の限界／メンタル面の見極め／ストレス社会の背景／ネット社会が面接を変えた／面接は見抜きと動機づけの場／こんな面接は必要ない／「学生時代に一番がんばったこと」を聞くのは時間のムダ／自己PRは挨拶代わり／誤差は1割以内が目標／①「お見合い面接」の危険性／②及び腰面接では解決しない／③グループ面接のワナ

第5章　優秀な人材を見抜く〝雑談面接〟

社内の評価制度を使えば、良い採用基準がつくれる／目からウロコの米国型面接／面接でわかるのは好き嫌い／雑談面接の実際佐々木さんのケース／面接前に「心のスイッチ」を切り替える／面接官の力量が試される／お互い素になる／お互いが冷静に話し

図版作成／デマンド
編集協力／舛本哲郎

第一部

成長を焦る若者、教えられない上司

第1章　上司の成功体験が通用しない時代がやってきた

早く一人前になりたい！

父親世代のリストラ、きょうだいや先輩たちのあまり幸せでない就職活動などを身近に見てきたからでしょうか。「早く実力をつけなければ」とか「一人前にならなくては」「会社がどうなろうとやっていけるようになりたい」といった焦りに、若者たちが強く支配されているようです。

すると、彼らは入社後、忙しい毎日に目標が見えなくなり、いま、自分がどこまで成長したのかが気になってきて不安になります。「こんな仕事、やっていて大丈夫だろうか」「この会社で本当によかったのだろうか」と悩み、焦ってしまうのです。

メディアやネットを通じて「市場価値を上げよう」とか「成功するにはこうしろ」といった甘い情報が毎日のように大量に流れ込み、煽《あお》られます。配属された職場で働く先輩社員や上司が魅力的でないと、「先輩みたいになりたくない」「上司のようにはなりたくない」と感じて、まだ入社して1～2年だというのに、「この会社で働いていても成長できない！」とあっさりと判断を下し、転職を考えます。

ところが、彼らの価値観の変化に気がつかない企業側は「社会を知らない若者はじっくりと現場のＯＪＴ（On the Job Training）で育てるものだ」などと、従来ののんびりしたやり方を相変わらずやっています。

そして辞表を出されてはじめて驚くのです。「何も不満はないだろう？　そんなに早く結論を出さなくてもいいだろう」と。

働く意義や価値観について真剣に考え、企業にそれを求める若者が増えています。「この会社に入ったのは、こういう企業理念に共感し、こういう社会人になりたいからです」ときちんといえます。それも就活のハウツーではなく、本気でそう考えている若者が増えてきました。

私たちの世代も、面接などでは同じようなセリフを使いましたが、あくまでも面接のための方便で、本音は「ボーナスがたくさん出るらしい」とか「有名企業だから」「仕事が楽かもしれない」などということが多かったように思います。それが、この十数年で大きく変化しています。多くの学生が、その会社が自分の成長にとって合っているかどうかを本音で確認しようとしているのです。

そういう想いで入社してきた若者を、ＯＪＴという名の〝放置プレイ〟でのんびり育てよう、なんて企業が思っていたら、当人たちが怒り出すのも仕方がないと思います。大量の早期離職が発生してから「なぜなのだ！」と思っても、もう手遅れなのです。

本書のテーマは、おもに面接・採用についてですが、まずはじめに、最近の若者を受け入れた企業の現場で何が起きているのか、について見ていきたいと思います。そこでは、若者の意識・能力面の変化だけではなく、上司側の環境がいかに変わってきたのか、また、そうした変化に対して、どのように対応すべきなのかについても検討していきたいと思います。

ＯＪＴは放置プレイの代名詞

ある大手企業の幹部研修を、企画から実行までお手伝いしました。市場の大きな変化や経営上の問題などがあって、社内の理念と社風の相当部分をつくり直さなければならない、まさに第二創業期というステージでした。

研修のおもな目的は、200名ほどの管理職の方々に「評価制度を使って、部下を育成する方法」を教えることでした。評価制度というものはとても重要なもので、社員の「評価基準の中身」次第で、社員に対する考え方や理念といった企業の価値観(本音)が明確になります。

それくらい重要な仕事にもかかわらず、社員を評価する仕事は、管理職にとってあまり愉快な仕事ではないようです。「現場の仕事がこんなに忙しいのに、また評価面談か!」という具合です。部下との関係に軋轢《あつれき》を残したくないので、たとえばABCの3段階評価だとすると、8割くらいが無難なB評価になってしまう。これは、誰かにAをつけたら、ほかの誰かにCもつけないといけなくなることが嫌で、当たり障りのないBに集中してしまうのです。

これが多くの伝統ある日本企業での実態のようです。

つまり、普通の管理職にとって、部下の評価というのは、できれば避けたい余計な仕事であり、あえて評価に差をつけて、面倒な仕事を増やしたくない、というのが本音なのです。

これは、実に大きな問題です。

なぜならば、本来、**評価制度とは、部下を育成するための道具**だからです。A、B、Cなどの結果に一喜一憂することよりも、上司と部下がどうやったら来期はより高い評価が取れるようになるかを二人で話し合うためのものなのです。いまの成果や能力をお互いに確認したうえで、そこからどうやって能力アップさせていくのかは、上司の大事な仕事であるはずです。部下一人ひとりを育てていけば、結果として自分の部署の業績アップにつながるわけで、そういう意味でも、評価というのは部下育成のための道具なのです。

私は、年に1回だけの考課面談は不要だと思っています。そもそもこの変化の時代に、1年間も業務目標が変わらない仕事をしているとしたら、そのこと自体が問題です。

そこで、年間あるいは半年間の業務目標と能力開発目標を与えた後は、**部下から毎月のように報告させて、フィードバックしていくことが大事**です。15分、30分でもいいので、毎月そういう話し合いをすることが、とても価値のあることです。その際、業績や能力の伸び、話し合ったことなどを簡単に記録し、1年間積み上げていく。すると、この1年の成長が見えるので、年間評価もとても明確になります。当然、顧客や市場の変化にもとづき、するべき仕事の優先順位が変わったり、業務目標そのものが大きく変わることもあるでしょう。ですから、報告の場はそうした事項の確認、納得のためのコミュニケーションの場でもあるわけです。

たとえばある企業の場合、支店長の部下は20人以上もいますから、年に1回の面談で、正しい評価などできるはずがありません。ですから、月報ベースで報告をさせて、その都度フィードバックをしていきます。これが1年続くと、部下も上司の評価に納得感が得やすくなります。

つまり、**評価結果に納得感を持たせる一番の方法は、事実をベースに認識を摺《す》り合わせるコミュニケーションの頻度（量）を上げていくこと**なのです。良い評価制度とは、ルールを定めるだけでなく、こうしたコミュニケーション中心の運用の仕組みをしっかりつくることなのです。

このように、部下を育成するためには、かまってあげる仕組みを日常に組み込むのです。そのための評価制度を、「道具」として上手く使うことです。

そもそも私たち日本人は、あらたまった面談というものに不慣れで、とくに相手に課題や悪い評価を伝えることに、とてもストレスを感じます。でも、毎月の面談であれば、わかりやすい具体的な業務の成否や仕事の進め方へのアドバイスが中心になりますから、コミュニケーションに不慣れな管理職の方でも直接、評価結果を伝える場合より、慣れるとやりやすいと思います。

また**部下と面談する際に一番大切なことは、100%相手のための時間にすること**です。「――ながら面談」は絶対にいけません。面談のはじめに「さあ、これからの××分間は、100%あなたの時間ですよ。存分に報告、相談をしてください。私もあなたのことを真剣に考えてアドバイスします」と宣言するような感じです。

実は、こうした面談はとても体力を使います。相手の話を真剣に聞いて、相手の立場になって考え、そのうえでアドバイスするという行為は想像以上に疲れます。私たちの上司は、私たちが若い頃、それほど言葉で語ってはくれなかったと思います。それもあって、多くの管理職がこうした濃密な面談（コミュニケーション）が苦手のようです。

このように、最近の若者を指導・育成するためにはコミュニケーションの絶対的な頻度（量）と、そのための**高度なコミュニケーションスキル（質）が要求される**のです。

高度成長期の企業内教育も、やはりOJT中心といわれてきましたが、いまと違うのは、上司1人当たりの仕事の負荷と仕事そのものの高度化・複雑化・スピード化でしょう。わかりやすくいえば、上司に余裕があった時代のOJTは決して放置プレイではなく、見ぬふりをしてちゃんと見ているという状態だったのだと思います。ところが、いまの上司は、自ら顧客を担当し、売上目標等にも責任を持っており、中期的な部下育成のための余裕がありません。その一方で、若手の成長意欲は大変高まっています。

自分の仕事を優先し、ＯＪＴという名目で、部下を放置して上手くいくような時代ではないのです。「上司の背中を見て育つ」などという言葉は、もはや死語といえるでしょう（もちろん同時に真実でもあるのですが）。少なくとも入社1～2年の若者には通用しません。

このように、日本企業の採用や定着のためのコミュニケーションは大きく変化しており、転換期にあるといえます。大事なことは、既存の放置文化の隠《かく》れ蓑《みの》であるＯＪＴ文化をまず否定することです。**ほったらかし文化をやめ、かまってあげる文化にする**のです。もちろん、日本企業の強さをこれまで形作ってきたのもＯＪＴにあるのですが、こと入社歴の浅い若者については、一度それを捨てて、考え直す必要があるでしょう。

氷河期入社組は管理職教育をされていない

就職氷河期と呼ばれた時代に就職した人たちは、就職活動で辛い思いをしている人がたくさんいます。それだけに、彼らには甘えたところがなく、責任感もあり、会社に求めることと自分の責任でやるべきことのバランスが取れている人が多いようです。昨今入ってくる若手社員が、当たり前のように主張していることが、彼らにとっては「何を甘えたことをいっているのだ！」と感じられていることでしょう。

その一方で、企業業績が悪かった影響もあり、基礎教育が不十分で、能力開発をあまりされていません。その結果、とくに、概念的に捉える力や物事を両面から考える力、感情の起伏をコントロールすることなどが未熟で、仕事に深みがなかったり、議論がケンカになってしまったりするような傾向も見られます。

加えて98年あたりから、パソコンなどのＩＴ機器、インターネットが日常化してきました。検索エンジンの精度も高度になっています。その結果、「調べろ」と命じられればすぐにネットを検索する人が増えています。これはつまり、「考える」ことが「検索してコピー＆ペーストする」ことに変わってきたのです。

教育は受けていない、考える習慣が身についていない、という二つの面が同時に、管理職としての資質に大きな影響を与えています。こういう就職氷河期入社の人たちがそろそろ管理職として登用されるようになってきました。

本来、それまでに身につけておくべきことに欠けている管理職たちが、部下に適切な指導・教育ができるでしょうか？

そう考えると、時代の変化も学ぶ、体系的な管理職研修がますます重要になってくることは明白です。**管理職のレベルが向上し、意識が変われば、より優秀な人材を採用でき、そうした人材が育成されることで、結果として企業も成長していく**からです。

優秀な上司ほど痛い目にあう

一般的に、向上心が高く、実績を残してきた人が上司になった場合、厳しい上司になりがちです。スタッフとして成果を上げ続け、評価の高い人が部下を持つので、自分が基準となって部下を評価するからです。もちろん、優秀だから上司になったわけで、当人にとっては、それが基準です。だから、優秀な部下は「普通」の位置づけで、普通の部下を「こんな仕事がなぜできないのだ？」と思ってしまいがちです。

こうした上司がチームで成果を出すため、あるいは普通の能力のスタッフを指導・育成できるようになるためには、考え方を変えてもらう必要があります。それは、会社の中にはいろんな価値観や能力の人がいて、それらを組み合わせて業績を上げることが管理職の仕事なのだ、ということを理解してもらうことです。

これはきれいごとではなく、いままでの実績に自信を持っているだけに、自分の価値観を一度捨てることはとても難しいのだと思います。私にも経験がありますが、部下とのあいだに溝ができたり、関係が悪化したり、最悪の場合、退職せざるを得なくなったり、心の病になってはじめて、価値観を捨てて真剣に学ぶことができる場合もあります。そうなってはじめて、たとえば、**コミュニケーションで一番大事なのは、相手を理解して相手の立場になって考えること**なのだな、ということに気がつくのです。こういうことを管理職になる前にきちんと教えてくれる企業は、非常に少ないようです。あるいは本を読んだり、講義で教わったりしても、一度経験してみないと本当の理解は得られないのかもしれません。

しかし、成熟化、多様化に向かうこれからの時代には、こうした知識やスキルが必須です。そうしたことをしっかりと学ぶ機会を、企業側も与えるべきでしょう。

上司から教わった成功体験が通用しない

先述したように、管理職になったら、部下に同化するくらい相手の立場になって、コミュニケーションを取るべきです。相手を心から尊重してしっかり理解し、その意見や主張を聞いたうえで、自分なりのアドバイスをする。これができないと、自分の過去の経験と成功体験でしか話ができない偏屈な上司になってしまいます。

上司としての成功体験がそのまま通用した時代は、部下を「アホ、バカ」と叱咤《しった》することでも上手くいきました。しかし、いまは激流のような変化の時代で、また、働く若手の価値観も大きく変わりつつあり、こうした一方的なコミュニケーションはほぼ通用しません（若者の価値観の変化については、次の第2章を参照してください）。

昔のやり方が通用しなくなって、若い人たちがついて来ないことに気づいてから、あわてて管理職研修をはじめる企業もありますが、こうした本質的な課題を解決せずに、研修に成果を求めても、まず上手くいかないようです。

このことは営業の世界でもよくあるようで、ベテラン営業マンの経験がまったく通用しなくなっている業界も多いと聞きます。もちろん、企業や業界によって違いもあるでしょうが、いまの管理職たちが、クライアントの特定の人との関係構築のみで実績を上げてきたような場合、提案型セールス中心のいまの時代、部下には何も教えられません。「靴の踵《かかと》が擦《す》り切れるまで通え！」というような精神論しかいえないのです。

いまはコンプライアンスなど企業倫理面の厳しさもあり、こうした営業方法は激減しています。こうした管理職は部下に仕事を教えることができず、悩んでおり、また組織としての大問題にもなっています。

いろんな意味で、**過去の成功体験から部下を指導する時代ではなくなった**のです。時代が大きく変わって、自分たちが教えてもらっていない管理方法をやれといわれているようなものです。

こういう時代に上司ができることは、部下と目標を共有し、業務目標を達成しながら能力開発目標も達成するよう支援することです。そのためには、言葉によるコミュニケーションが必要で、たとえ自分は、そのような指導を受けていなかったとしても、変える必要があるのです。上司として自己中心の世界から、部下中心の世界への転換です。

このことが理解できれば、自分は部下より偉い、という常識を捨て去って、部下を理解しようと思えるようになるでしょう。そして**自分の役割は部下を育てて、結果として担当部署の業績を上げること**だという基本にかえり、素直に行動を変えていくことができるはずです。

柔らかい上司が部下を育てる

それでは、どういう上司が部下を、いまの若い人たちを育てることができるのでしょうか。

私は、柔らかい人だと思っています。ここでいう「柔らかい」とはいろんな意味があるのですが、まずは、上司としての驕《おご》りを捨てることです。いまの若者に、上司としての権力を使ってリードしようとしてもなかなか上手くいきません。自分のやり方で部下はついてくればよい、というようなステレオタイプの発想は、一刻も早く捨てることです。そして、むしろ部下中心に考え、わがままな部下を否定せず、理解しようとする姿勢を持つのです。

私のいう部下育成方法は、このような部下に対する好奇心と多様性の受け入れ、つまり柔軟性がとても要求されるのです。自分のスタイルを強要して、部下がまとまるようなやり方は、よほど力量のある管理職以外は難しいでしょう。**上司になって、部下を上手く使うには、彼らの特性に合わせることがあっていいのです。そういう変幻自在さが要求されています。**

柔らかい上司は、部下の育成のために、自分の仕事を部下に任せる度胸があります。自分でやれば簡単に済むのですが、あえて時間をかけて、部下を育成しながらやらせる。一見、遠回りのようでも、結果として経済合理性を上回る成果があります。これは、部下育成について責任感あるいは意欲がなければできないことです。

部下の育成というのは、こうした日常の積み重ねです。山本《やまもと》五十六《いそろく》の名言「やってみせ、いって聞かせて、させてみせ、ほめてやらねば、人は動かじ」は、やはり真実の言葉ではないでしょうか。

ナベブタ上司からの脱却

柔軟性の中には、実は自らの向上心が高いかどうかも影響します。いまの仕事を部下に任せ、自分は一つ上の仕事を取りにいく、そういう気持ちがあるかどうか。向上心のない上司は、いつまでも自分の仕事に固執し、部下の向上心を妨げます。こういう、部下を抑えつける「ナベブタ上司」が蔓延《まんえん》していることが、日本の企業組織の大きな課題の一つです。

部下を持ったら、勇気を持って自分の仕事を部下に明け渡し、自らは、未知なる上位の仕事にチャレンジしてみることです。

こんなことをいうと、「そんなこと言われたって、どうやっていいかわからないよ、自分でやったほうが早いし！」などという声が聞こえてきそうです。

実は80年代までの大企業では、一定年齢になると部下を持つようになり、同時に、実務からも離れていきました。「課長」の辞令を拝命したとたんに、座る椅子が変わり、席も一番奥になったりして、きちんとしたピラミッド形の仕組みができあがっていたのです。

そして、いわゆる「新任管理職研修」というのを受けさせられます。そこでは、心構えからはじまって、いかにいままでと立場や役割が変わるかということを学ぶのです。こうしたカタチと周りの視線、研修の心構えに押されるように、新任管理職は一気に、その立場に染まっていったものでした。

でも、バブル崩壊以後、その状況は大きく変わりました。

人員コストを減らすために、管理職の階層や数が削られ、これにより、彼らは自らの業務を持ちながら、部下を管理することを求められるようになったのです。管理職に求められるのは、売上や利益目標の達成ばかりで、部下育成などはがんばっても評価の対象にはなりづらい時期が長く続きました。

そのため新任の管理職は、心構えを学ぶ以前に、自分とチームの目標達成に汲々《きゅうきゅう》としています。また、心構えやノウハウを教えるような研修も、企業は後回しにして怠ってきました。近年の管理職研修ブームは、そのツケをなんとかしたいという企業の問題意識の表れだと思います。

さて、それではこうした現代の管理職が、いかにして部下育成に取り組んでいくべきかの原理原則をまとめてみましょう。

①部下の仕事を奪わない

部下ができる仕事を上司が手放さないのは、暇になることへの恐れ、そして上位の仕事に挑戦する勇気の欠如です。

部下を育てる第一歩は、部下がやるべき仕事を「勇気を持って」彼らに任せることです。自らが向上心を持たない「ナベブタ上司」は、部下の向上心や情熱をつぶす罪多き存在です。これからの上司としては許されない存在です。

②仕事を振るのはダメ

仕事を任せることをよく「振る」といいますが、私はこの言葉が嫌いです。なぜならば、任せっぱなし、振りっぱなしの放置プレイは、上司が無能であることの表れだからです。上司の上司たる所以《ゆえん》は、「任せたけれど、いつも部下の仕事ぶりをこっそり見ている」「いつも部下の業績と能力の伸びを心配している」ことにあるからです。

③上手くいかないのは当たり前

部下に任せた仕事が、そうそう上手くいくはずもありません。自分が脅かされるほど上手くやられても困るでしょう（笑）。ここでイライラする人が、なんと多いことでしょう。むしろ部下が失敗しているときこそ、上司の出番。じっと見ていたあなたが、上手くいかない原因を理解させ、納得させ、より上手くできるように導くのです。この一連の行為を「評価」といいます。評価はやはり「育成」のためにあるのです。

④尊厳を持つ

これは熟練を要する高度なスキルです。そもそもの人間関係において、上司という役割は「畏怖《いふ》され、同時に尊敬される」存在であることです。そういう意味で「人柄の良さ」だけでは限界があります。

人に嫌われることに耐えられない人には、務まりません。充分な経験、部下や目標達成への情熱、愛情など、上司になると要求されることがとても増えます。

でも、じっくりいきましょう。向上心さえ持っていれば、時間と経験が手助けしてくれるはずです。

優れた営業マンが管理職になっても上手くいかない

規模や業種を問わず、管理職やリーダーのレベルが高い企業にはある特徴があります。とりわけ大事なのは、管理職登用に関する能力に対しての考え方です。

ダメな企業は、スタッフとしての成績だけで管理職を選びます。たとえば、営業マンとして多様な顧客を担当しても安定的に売上を達成してきた実績などで評価するのが最たるものです。これはある意味、過去の評価の積み重ねで、仮に管理職の資質がなくても問題にならない、とても簡単な昇格手法です。しかし、優れた企業は、選抜の条件として管理職要件にこだわります。

その要件をわかりやすく表現すれば、「**素直で前向き（かつ、できれば魅力的）な人**」となります。

これは新卒採用の要件とも重なります。変化と混迷の時代、**管理職は頭の良さや実務経験（スキル）よりも、多くの人を巻き込める人的魅力にこそ価値があります**。

二つめに、上司にあたる経営幹部が、彼らの育成や人事の重要性をよく認識し、多忙なスケジュールの中でも、年間を通じて戦略的に時間を使い、関わっていること。人事部に管理職研修を任せきりにしないということです。

おもしろいことに、ダメな企業ほど管理職研修を「利益が出たらおこなう消化イベント」程度にしか位置づけていません。管理職の育成は根気を要するものなので、思いつきでできるものではありません。経営的にいくらピンチになっても、最低限のことを継続する信念が必要です。

三つめに、育成のために、彼らにモノを考えさせる仕事を与えること。

これは、コミュニケーション一つでも違うのです。指示・命令を極力なくして、たとえ答えが出ていても、あえて考えさせるというプロセスを大事にします。

すると、思考方法や上位の目線で考えるクセがつきます。経営幹部の仕事は、これを見守りアドバイスすることです。時間がかかっても、人と組織を育てるには、こうした新しいOJTの連鎖が必要です。既存の放置プレイのOJTでは、決して育たないのです。

このため、最初の抜擢《ばってき》（人選）の段階では、管理職要件にはとことんこだわり、強みを評価して、弱みにはあえて目をつむります。最初から完成した理想像にこだわって丸い人材を登用するより、**尖《とが》ったところがあっても向上心が高ければ、上司の指導や同僚との競争の中で自分を変化させられる**からです。

こういうことがわかっている企業は強いのです。さらに、教育の時間やコストを経営計画に盛り込む企業も多くなりました。これも育成について本気さを感じさせるマネジメント方法といえるでしょう。管理職の教育はいろいろな方法論がありますが、まずは、上司にあたる経営幹部自らが「仕事を通じて管理職を育てる」ことです。この大切な役割と、正面から向かい合うことではないでしょうか。

若者の多様化を否定しない

今日、私たちが直面している一番大きな環境の変化は、社員の「多様性」でしょう。

20年ほど前でしょうか、ＨＰの人事部にいた私は、米国本社で「ダイバーシティ」(多様化。Diversity) という概念をはじめて知り、具体的に社内でそのプログラムが動き出す現場に居合わせました。

そこでは、米国の法律改定という事情もありましたが、女性や人種の差別を改善し、障害者雇用を促進するプロセスを目の当たりにしました。当時の日本の人事システムは年功序列真っ盛りでしたから、そのギャップに衝撃を受けました。

さて、現在の日本では、どんな多様化が起きているのでしょうか？　それは、同じ日本人の中でも、仕事や会社に対する意識が大きく変化してきていることです。つまり、会社と個人の関係性の変化といえます。

わかりやすくいうと、絶対的な存在（価値観）であったはずの会社が、次第に存在価値を下げていきました。反対に、働く人々は将来のキャリアを会社に依存せず、自分主体で考えるようになったのです。

若者は、会社のハードウェア（制度や仕組み）にあまり興味がありません。むしろ入社後数年間のソフトウェア（環境）を重視します。ソフトウェアとは、仕事そのものや社風、マネジメントスタイルなどです。それが、自分のキャリアを磨くうえで大事だと認識しているからでしょう。

また女性の進出にともなって、時間に対する観念も大きく変わろうとしています。家族とのコミュニケーションを「仕事だから」と簡単に犠牲にする人は大きく減ってきています。同時に、優秀な女性を中心に効率的に仕事をやることに価値を置き、少しずつですが、意味もなく会社に残るのはやめよう、という人たちが増えているようです。

もちろんいまでも、会社にキャリア構築を依存する人も、連日上司が帰るまで帰宅しない社員もいるでしょう。ここで問題となるのは、こうした習慣が多様化してきたことなのです。

企業側は、この変化に戸惑っています。いままでであれば、ほぼ例外なく通用した価値観や働く姿勢、習慣。そうした会社というものの伝統を蔑《ないがし》ろにし、自分中心の考え方をする若者たち。それを「わがまま」と感じてしまうのは、育った時期と環境の違いからなのです。

このことに気づいて、管理職に対して理解とマインドチェンジを中心にきちんとしたトレーニングをすべきです。マネジメントスタイルというものは、企業文化そのものですから、おいそれと研修で変わるようなものではないのかもしれません。それだけに、継続的なトレーニングが必要なのです。


変化の時代、上司の心構えは？


では、自らの成功体験が使えない管理職は、若いスタッフをどのように使って業績を上げていけばよいのでしょうか。

私は、よく**「化けなさい」**とアドバイスします。

個人の信条や価値観は、そう簡単には変わりません。無理をすると自分が壊れてしまいます。このような環境の変化、とくに働く人の価値観に関する変化は、心の痛みがともなうものです。

「化けなさい」というのは、**会社に来たら（あるいはネクタイを締めたら）個人の価値観は**

脱ぎ捨て、素直に市場の変化を認め（受け入れ）、一人の管理職になりきりなさいという意味です。

自分が育てられてきた常識や価値観を一度捨てて、部下をどう育成して、組織のパフォーマンスを上げるかということを、冷静に考えられる人に化けるのです。そして、価値観を変えようとせず、自らの行動を変えればよいのです。たとえば、最近主流の部下育成方法に、「ほめて育てる」あるいは「長所伸展法」というのがあります。

一般的に上司というものは、自分の眼鏡（価値観）で人を判断するので、部下の短所が目につきやすく、この短所を指摘して直すことが育成だと思いがちです。

ところが、最近のマネジメントの主流は、長所を伸ばすことです。「ほめろ！　ほめろ！　もっとほめろ！」という研修にウンザリしている方も多いのではないでしょうか。それでも、この方法は、現在の若手を伸ばすには、一般的に上手くいくことが多いようです。

これを上手く実施するにも、「化ける」、つまり、背景を理解したうえで行動を変える必要があります。

これができない人にとって、これからのマネジメントは大変厳しい時代であるといえます。

若者にとって理想の上司像とは？

自らの成功体験が通用せず、また「素《す》」で部下と接することが難しいこの時代、どういうタイプの管理職が求められ、成功しているのでしょうか。今度は部下の立場から考えていきましょう。

まず、先述したことと重なりますが、「明るく柔らかいこと」です。

時代の流れが速く、あらゆる価値観が根底から変わってしまう可能性があるこの時代、こだわりが強すぎて柔軟性に欠ける人は管理職として厳しいと思います（もちろん一ビジネスマンとしても同様ですが）。そのうえで明るいこと。変化の先がどうなるかなんて、なかなかわからないもの。そんなときでも「まあ、がんばろうや！」とチームを明るく鼓舞《こぶ》できるような人がいいと思います。一方で、所属する組織の理念や行動規範へのこだわりをしっかり持つこともとても重要です。それがないと、時代や部下への迎合となり、凛《りん》とした尊厳を持ちえないからです。

次に、部下の育成に本気になれる人。そもそも他人に興味があるおせっかいな性格であることが求められます。なぜなら、まだまだ管理職の目線は業績に向いており、部下の育成という地味な仕事はなかなか評価されづらいからです。こういう仕事をしっかりやる人には、人材育成に対する信念があります。不思議なことに、厳しい優秀な上司に育てられた人にはこれが備わっており、そうでない人は表面的な〝育成ごっこ〟を繰り返します。おそらく上司から部下への愛情に満ちた厳しい指導は、遺伝するのだと思います。

個人的な意見ですが、こういうＤＮＡを備えているのは、比較的大きな製造業に多いように思います。金融・保険・商社などは採用レベルが高く、競争により人材が育成される傾向が強いように感じられますが、メーカーは、仕事や組織の中に伝統的に人材育成のＤＮＡを持ったところが多いように感じます。私が育ったＨＰもそういう会社でした。

このことを経営レベルで考えていくと、商品の付加価値を高くしうる企業が人材育成コストを負担でき、さらに再投資できます。こうしてどんどん差別化される時代になるだろうと思います。ましてや今後はサービス業中心の時代なので、このことは企業業績に大きな格差をもたらすポイントとなるでしょう。

第2章　こんなはずではなかった⁉——採用ミスの「真相」

前章では、若者たちの変化に戸惑う上司たちの姿を見てきました。それでは、当の若者たちの実態はどのようなものなのか？　採用の現場から覗《のぞ》くと、その変化がよくわかります。本章は、いわば〝採用の失敗学〟ともいうべき章です。

優秀なはずなのに30社も落ちる

２００８年新卒のＡ君。

現役合格で慶應義塾大学経済学部卒、学校の成績もピカイチです。特Ａクラスの人材として誰もが欲しがるように見えましたが、実際の就職活動では大苦戦。30社も立て続けに落ちてしまったのです。

「どこでも受かるだろう」と本人だけではなく、周囲の誰もが思っていただけに、当人も相当なショックだったようです。しかも、08年は売り手市場一色とされていたのに！

実はA君に限らず、優秀とされる学生で、書類選考や筆記試験などの1次試験はパスし、2次面接も学校のブランドで通るのですが、人事部長面接や最終役員面接で落ちてしまう人たちが結構いるようです。

こういう人たちに共通しているのは、社会における自分の適性をよく理解できていないことです。とくに06年から08年にかけては、圧倒的に学生優位の就職戦線と報じられていたので、とくに上位校と呼ばれる有名大学の学生に、この傾向が見られました。市場が緩んだことで楽観視し、自分の適性などをきちんと検討するという基本を忘れてしまったためだと思います。

少し専門的にいうと、このことを**自己認識力**といいます。「自分の性格や能力をいままでの人生から客観的に考えると、こういう仕事や業界が向くのではないだろうか」といった自己理解が上手くできず、流行や待遇あるいは思い込みだけで応募先を決めて、大きく失敗するのです。なので、自分と合わない業種・職種を受けていることに気づきません。

「自分は優秀だ」と勘違いしているので、業種を問わず人気企業や一流企業を片っ端から受けてしまうこともあるようです。ですから、人を見抜くことができる人事部長クラスが出てくる面接になると、適性やタイプに不一致感が出てしまい、不合格になってしまうのでしょう。

やりたい仕事vs向いている仕事

「一流大学で成績優秀」なら「一流企業に就職」という図式が何十年も続いていただけに、A君のように最終選考で次々に不合格になり、戸惑い落ち込む学生はたくさんいます。ですが、企業側からしてみれば、この10年で、きちんとマッチングしない採用をむやみに繰り返しても、早期離職が増えるだけということがわかってきたのです。結果的に採用コストが高くなるわけで、慎重になっているのです。大学名や成績、あるいは入社試験の成績が優秀だ、というだけで採用するのはとても危険で、本人の適性や企業風土などとのマッチングを重視しようという考えが浸透してきているのです。

祖父の代から銀行マンという保守的な家系なのに、「自分はベンチャーで活躍する！」と意気込んで、ベンチャー企業ばかりを対象に就職活動をしたB君がいました。あるベンチャー企業から内定をもらいますが、親に反対されて結局辞退し、親の奨めで大手金融機関に就職しました。

これも冷静に見ると、本人の志向も資質も、最初から金融業界に合っていたのだと思います。この自由な時代に親を説得できないということは、受験したこと自体が単なる気の迷いか浮気心にすぎなかったからです。こうした例は、自由な時代、成熟した時代を反映して、とてもよく見かける事例です。有名企業もしくは大企業志向も見られる半面、B君のように、**将来のキャリアに向かってやりたい仕事、自分を育ててくれる企業を選びたい、という気持ちが、若者の中では確実に強くなってきています**。

どうやって自分の適性を冷静に見きわめて、やりたいこととできることを区別して考えながら、就職先を選んでいくか。優秀なら優秀なりに、考えなければならない時代です。それに対して、受け入れる企業のほうも、能力のマッチングだけでなく、社風や理念と本人の志向をマッチングさせることを真剣にやらざるを得ない時代になりました。

「察する力」の劣化

ところで、A君やB君と同世代の他の学生たちを見ていると、その資質に関して、もう一つ大きな変化があるようです。「どうも、人材の資質が劣化しているように見えてならない」という声が採用担当者からよく聞かれます。若者たちの中に、自己認識力に加えて、**他人の気持ちを察する能力が著しく劣化している**人が目立つのです。

社会というものは、人と協働することで成り立っています。そうした場に参加するための最低要件が備わっていない若手が増えているのは、大変由々しき問題です。こういう能力は、研修で簡単に身につくものではなく、圧倒的に怖い人の下でこき使われてはじめて身につくようなスキルであり、通常は部活動の上下関係やアルバイト先の人間関係などで大いに悩みながら覚えていくものでした。

彼らが、こういうスキルを身につけられなかった原因として、①気の合うサークル仲間と過ごす時間が増え、社会人や多様な価値観の人とのふれあいが減ったこと、②インターネットに頼る伝達方法を人とのコミュニケーションだと勘違いして過ごしてきたこと、などが考えられます。

いずれにしても、これを教えるコストは膨大で、管理職や先輩社員に多大な負荷をもたらします。なぜならば、察することができない若者は、**何事も自分が理解できる言葉で欲しがる**からです。「それはなぜですか?」「どうしたらよいでしょう?」等々、これらは自由な時代に、何をどう選択すればよいのか、戸惑っている多くの日本人を象徴しているように感じられます。これは、「あうんの呼吸」や以心伝心という職場のコミュニケーションを叩き込まれた人たちには、信じられないことでしょう。

自分の市場価値は自分の責任で

一方の学生たちも、必ずしも甘い幻想ばかりを抱いているわけではありません。

就職氷河期が10年以上続いたので、先輩たちの厳しい就職活動や、企業業績の低迷からくるリストラなどを冷静に見ています。ですので、根本的に企業や社会を信用していない若者が増えていると思います。

バブル期以前に就職した世代にとっては、企業というのは絶対的な存在でした。入社をしたら数十年にわたる人生の舞台であり、そこには、当然のように長いつきあいが前提にありました。ところが、長い長い就職氷河期を経て、彼らは、企業というものの冷静な現実を見続け、これからの成熟社会を、自分の責任でどう生き抜いていくか、真剣に考えるようになったのだと思います。

学生たちは企業に自分の将来価値を委ねることをあきらめ、自分のキャリアを自己責任で

築いていこうと真剣に考えています。つまり、自分の責任で自分の職業人生を築こうというのです。心情的にはよく理解できますし、一経営者として責任も感じます。

こうして彼らは「3年後の自分はどうあるべきか」「30歳までにはこうありたい」などと、短期的な目標を設定し、企業や職場をその目標にとって良い機会を提供してくれるかどうかで評価します。08年10月ごろから、不況にともなう「内定取り消し」が連日のように話題にのぼり、社会問題化しました。目先の業績上、やむを得ない選択だったのかもしれませんが、ある意味無責任ともいえる企業側の行動も、若者のこうした考えを加速させることでしょう。

ところがほとんどの企業は、そんな性急なキャリアなど考えてもいません。選考段階ではいろいろ魅力的な話もあるでしょうが、一度入社したら現場の管理職はそこまで面倒見られないという企業がまだまだ多いのが実情です。こういうギャップから生まれる「名ばかりOJT」では、彼らの急ぎ足のキャリアパスは無視されてしまいます。これでは、せっかく優秀な人材を採用しても、早晩、早期離職につながって、企業の力になりません。

このキャリア目標を何年後にするか、という期間の違いはいわば時代背景の変化にもとづくもので、これから先どう落ち着くのかはよくわかりません。しかし、企業側はまず、これを社会的価値観の変化として受け入れ、彼らの価値観を理解し、対峙すべきだと思います。

尊敬する人は両親

インターネット上でのメールのやり取り、ブログの文章、掲示板への書き込みなどを見ても、相手に対する配慮も何もなく、一方的な主張だけで終わってしまう。こうした特殊な世界をコミュニケーションだと思っている若者たち。少数の気の合う人たちだけとつきあい、アルバイト先でもマニュアル化された仕事だけを仕事と思い、辞められたくないからと大事にされた経験などを「常識」と勘違いしてしまっている若者たち……。

いまの社会は、ひ弱で、他の人の気持ちを感じとることができない若者を育てている、とも思うのです。

学生たちの考えや行動が多様化しているとはいえ、社会との接点が弱いこともあって、「尊敬する人は、父親か母親」という人が多いのも驚きです。夢や冒険心があった私たちの時代は、両親にはむしろ反発を覚え、当然のように両親を越え、歴史上の人物を自分の目標においてがんばることが若者の常識であったと思います。これは未来に対する期待感の違いの表れではないでしょうか。

国も、企業も個人も家庭も、明日の成長を疑わなかった時代には、若者にとって両親とはあまりに小さな目標だったはずですが、成熟したいまの日本で生きる若者にとっては、親以上に尊敬できる人が見当たらない、つまり人生の目標そのものが小さくなっているようです。このことは、人や社会を成長させる向上心というエネルギーが絶対的に不足しはじめた表れであり、日本の将来にとって、とても危険なことだと思っています。

まずは「ダメ人材」をつかまない！

ここまで述べてきたように若者たちの価値観が変化してきているなか、一流の人材を見抜くことが採用ではますます重要になってきています。しかしながら、優れた人は当然、数に限りがあります。そこで、むしろ、真っ先に見抜くべきなのは、「こういう人だけは採用してはいけない」というダメ人材です。最もやっかいなのは、一見、一流そうに見えて、蓋《ふた》を開けてみると「期待はずれ」の人材――彼ら彼女らに騙《だま》されることが、なんと多いことか。

そこで、対策のため括弧つきの「一流」たちを典型的な10タイプに類型化して傾向を探っていきます。この作業を通じて、採用担当者のみなさんは免疫力を少しでも高めていただければと思いますし、学生の皆さんは反面教師として就職活動に活かしていただけたらと思います。

①急増する草食獣

よく「今年の新人はなんとか型」と発表されています。08年は「カーリング型」。「ブラシでこするのをやめると減速したり止まってしまいかねない」（社会経済生産性本部）とか、「安定優先きずな型」（日本能率協会）といった定義です。

実際、いわれてみると、近年の傾向としてそういう面はあるように思います。

たとえば、就職について母親になんでも話す学生が男女ともに多いのは、私にはちょっと考えられないことでした。というのは、私の世代の感覚からすると、母親には結果の報告以外話さない、ということが普通だったと思うからです。ところが、いまはとくに男性に親に話す傾向が強いことに驚いています。家庭で厳しく育てられたというよりも、大事に、そして幾分、過保護にされてきた人が多くなってきているのでしょう。

もちろん、それが良い面としては素行の良さであったり、職場で周りの人たちを大事にする傾向はあると思います。

同じ仲間意識でも、昔は〝肉食獣〟のような仲間意識があったように思いますが、いまは〝草食獣〟です。競い合って獲物を捕るとか、奪い合うような関係はありません。優秀な人を評価したり、表彰したり、昇格させたりすると、「たしかに彼は優秀だから当然だ」というような感じで、「ライバルに先を越されて悔しい」などとはあまり表に出しません。私には、それが弱さに見えます。

「もっと悔しがれよ！」といいたくなります。実はすごく悔しいんだけれども、プライドが高いため、これを隠して「おまえよかったな」といっているように見えます。どの企業も求めているガツガツした意欲や、わくわく感、元気といった強いエネルギーを持っている若者が非常に少ないように感じます。

②受験勉強だけのスペシャリストに要注意

私の持論の一つに、一部の一流企業をのぞく普通の会社は「**東大卒は採用するな**」というのがあります。ここで東大だけを取り上げたのはもちろんシンボルとしてであって、他の一流大学も同様なことはいうまでもありません。

ある一流国立大学の現役の教授から聞いた話ですが、「成績で下位の3分の1は採ってはいけない」といっていました。理由は、10代のときに受験勉強しかしていないので、社会に対してあまりに無知で、実業の世界では役に立たないとのこと。それが最近では「上位を除いて、残り3分の2は採用しないほうがいい」となってきました。もちろん社会をリードする人たちは一流大学卒業の一流の人材が多いと思いますが、一般的な企業に来る一流大学卒は、**受験勉強だけのスペシャリスト**が多い傾向にあります。

こうした人材を能力面で見ていくと、**自立性や社会性の欠如**ということになります。

自立性が足りない人は指示待ち人間になりますし、社会性が欠如した人は、協働による仕事が上手くできません。一流大学合格と引き換えに、こういう基本要件が不足しているとしたら、よほど学力を必要とする特別の場合を除いて、安易に採用することは控えるべきです。

ですが、応募者に一流大学生がいると、面接などでも落としにくいケースが多いのではないでしょうか。「うちに、東大生が来た!」と社内で盛り上がったりしていませんか。しかし東大生といっても、人それぞれです。やはり見抜かなければいけません。

さらにいうと、企業が喜ぶような一流大学の学生が、受験してくることそのものを疑ってかからなければいけないのです。まだまだ日本企業と学生には、本来「格」のようなものがあり、それを軸に学生は就職活動をするのです。本来、企業を選べる立場にいる学生が、なぜうちのような中小企業に来るのだ? とまずは疑ってかかるべきです。実際に「訳あり」のケースが多いものです。

一方、応募から採用まで、学歴を伏せたまま、という学歴不問の勇気ある試みをしている企業もあります。とても良いことだと思いますが、まだまだ一般的ではないようです。そもそも、本人の資質を見抜けない採用をしている限り、学歴に騙される傾向は今後も続くでしょう。

③語学力や資格に弱い日本人

中高年の面接官の失敗例として多いのが、海外留学経験者を必要以上に高く評価してしまうことです。自らのコンプレックスと重なって、どうしても「向上心があり、自主性が高い」と思い込んでしまうことが多いようです。履歴書にＴＯＥＩＣの点数を書いている学生も多いですが、英語力が必須の仕事でなければそれによって採用が左右されるのも、よく考えればおかしいことです。英語力はその人の資質を表しているわけではないですし、２年以上留学していれば、まともな学生ならば高いスコアが取れるものです。

企業によっては、大学の偏差値と同じように、語学試験の点数をもとに「できる人」と見なしてしまう傾向があるのは、島国日本の悲しい性《さが》でしょう。いまの学生は、総じて語学に限らず勉強に熱心で、資格取得や、ダブルスクールで学ぶような人も珍しくありません。面接官側の世代とは時代が違うのです。ただそれだけのことで、びっくりして「スゴイのが来た」などと喜んでいてはいけません。大事なことは、表面的なスキルや資格、スコアで安易な判断をしないことです。

人を見抜く力が弱い企業ほど、こうした表面上の情報に一喜一憂する傾向があるようです。

④二浪、二留以上はリスキー

ある雑誌で「二浪、二留以上はダメ」と持論を展開したら、かなり批判を受けました。でも、やはり基本的な考えは変わりません。内定してもなかなか受諾しない人、ギリギリで取り消してくるような人を避けたいからです。こういう人たちの共通点は、プライドが高いことと、決断力がないことです。

大学受験にせよ就職活動にせよ、決断力を求められる場面というのは、常に「何かを捨てる選択」をすることです。自分の理想と現実の能力と義務を秤《はかり》にかけて、決められた時間内に目標を達成し、できる範囲内で選択をするのがオトナというものです。

もちろん例外的に大きな夢を一生かけて追いかける人もおり、そういう人たちが大きなことをやり遂げる人生を送ることは否定しません。でも彼らは、ただのドリーマー（Dreamer）

ではなく、屈強な意思と覚悟を持って生きている特別な人たちです。親の庇護《ひご》のもと、時間の期限を決めず、自己のプライドを満たすことにしか選択肢を持たない人は、一般的な企業競争で強みを発揮できません。プライドにもとづくこだわりが強く、変化の時代を柔軟に生きていくことが難しいのです。

社会人になったら、時間はコストですから、限られた時間の中で決められない人は、やはりダメなのです。私の経験では、浪人や留年を必要以上に繰り返し、選択と決断を先送りしてきた人材は仕事が遅いことが多いといえます。時間を優先して仕事を削ることができない頑《かたく》なな人が多く、自分が満足するまで、満足するやり方でやり通そうとします。柔軟性がない反面、プライドは高いので、ポジションにこだわるなど、余計なこだわりが仕事にも出てきます。

とくに自尊心の高さは、管理職になっても本人の成長を阻害する大きな要因となります。採用時には、これらの相関関係をしっかりチェックすべきだと思います。

⑤頑ななマイペース学生

豊かで成熟した時代に育った若者の中には、いわゆるマイペースに生きてきた人が意外に多く、驚きます。これは、血液型の解説本にあるような、そもそもその人がマイペースかどうか、ということではなく、「職場において、周りのペースに自分を柔軟に合わせることができるかどうか」ということです。普段はのんびりしていても、ゼミやアルバイトなどの共同作業になると、変われる人であればよいのです。

逆に問題なのは、こういう場面でも自分のペースでしか作業をできない人です。こういう人たちは、両親・先生・先輩などに厳しく指導された経験がないまま社会に出てくるので、とても自己中心的で、上司は手を焼きます。たとえば、ホウレンソウ（報告・連絡・相談）などの基本的なコミュニケーションができません。また、時間という制限の中で何かをやりきることもできません。一般的に、集中力も低い人が多いようです。

周りのペース、要求されるスピードに合わせる力は柔軟性の一つですが、総じてマイペースの人は、やはり頑なで幼い人が多く、早い段階で成長が止まってしまう場合が多いのです。こういう人たちの採用を避けるには、いかに異質な世界で自分を変化させてきたか、そういう事実をきめ細かに聞くことです。「がんばります！」の意思表明だけで判断するのは危険です。

こういう柔軟性は、時間の制限があるなかで、ある一定の成果を求められるようなアルバイトや受験勉強の経験からよく見えてきます。通常の面接ではなかなか見抜きづらい部分ですが、**いままでの生活の中で、いかにマイペースとユアペースを両立してきたか**を具体的に尋ねてみるとよいでしょう。

⑥家庭教師、塾講師はアルバイトの王道だが……

私は、家庭教師や塾講師などのアルバイトをあまり評価しません。相手が目下であること、発揮される能力が過去の経験で充分であること、つまり仕事を通じて新たに身につけたり、学んだりすることが少ないと思うからです。こういうアルバイトをしていた人は真面目な人が多いのですが、その反面、無難な選択をする人が多く、大体こぢんまりしています。

先述したように、私は自分よりレベルの高い人や社会人との接点を持とうという意欲を買います。そういう意味では、むしろマニュアルがないような接客サービスの経験やガテン系のアルバイトでの経験を評価します。

ありとあらゆる接客は、学生の一番弱いところを磨いてくれます。とくに、相手の顔色を見ること。怒らせたかな、まずかったかな、喜んでくれたかな、と相手の気持ちを思うトレーニングになります。人の心を読む、顔色を読むといった、コミュニケーション能力が落ちている昨今だけに、接客業などを通じてそこが鍛えられた人は目立ちます。採用したいタイプに入るでしょう。

場数を踏む、経験を積むことでしかわからない、こうした人の気持ちを学ぶためにも、顧客と直接接して、日々お叱りを受けるような経験が役に立つと思います。

⑦情報メタボな若者たち

一流大学の学生でダメなのは、効率的な暗記力と正しい解答に近づく力しかない学生です。プライドも高いので、自分の無能力を認めることができず、手に負えません。こういう学生に仕事の課題を与えると、やはり最適な答えを直接求めてインターネットの検索に頼ります。そして、もっともらしい学説や論調、データ分析などを見つけてきては、まるで自説のようにプレゼンします。

私たちも、日常いろんなサイトのニュースをチェックし、「こんなことがあったんだ」と思ったりはします。でも、ネットの役割はそこまでです。本当に必要な情報や仕事で調べる必要がある場合は、自分の時間を使って調べていくと思います。

また、彼らはカタカナのメソッドも大好きです。なぜならば、わかったような気がするからです。考える間もなく、いきなりネットで検索をする人は、当人が思っているほど優秀ではありません。効率よく勉強し、効率よく点を取り、効率よく就職しようとしている人です。時間効率だけの競争で勝ち残ってきた人たちは、もっと大事なところを見落とす人たちです。すなわち、**自分の頭で考える**、**創造する**ということです。これは、混迷の時代を迎えたいま、多くのビジネスマンにとって大変重要な能力です。

一方、課題を出されてとにかく自分で考える人には、参考になる本を教えたり、適切な人を紹介したりすればきちんと情報収集をして、自分なりの解答を出してきます。この解答自体、外れていてもよいのです。自分で調べて、考えることに価値があるのです。

ネットに頼るタイプは、ひたすら「より答えに近い情報」を求めます。しかし、本当に良い情報が、タダでごろごろと転がっているほど、世の中は甘くありません。良い情報はそれなりのコストや努力といった代償がともなうものです。出かけていく、人に会う、本物に触れる、といった部分があってはじめて、発見できることのほうが圧倒的に多いはずですし、そのことが自分の成長につながっていくのです。自分の頭でモノゴトを考えている人は、こういうことがわかっています。

日本企業の多くがサービス産業化しています。つまり、インテリジェンスがビジネスの付加価値になるのです。つまり、考える社員が少ない企業は収益も上がらない、成長するチャンスも少なくなっていきます。

もちろん、考えることが好きで得意な人、汗をかく人、心を使う人、足を使う人といった分業はこれからもあっていいでしょう。ただ、それにしても頭を使う人が極端に少なくなってきている点が、心ある経営者たちの危惧しているところなのです。

頭をよく使う人が一層必要になってきた企業は、ここの評価をしっかりするようになってきています。

一流の学生は、考える行為、議論すること、直接会って伝え合うことなどの行動をとても大切にしています。ネットの限界を知っているからです。入口はネットでもいいのですが、そこから先は、できるだけリアルなコミュニケーションの世界を築こうと努力し、お金も時間もかけています。

この情報管理の問題は、いま話題のメタボリックシンドロームに似ています。戦後、貧困の中で栄養をつけようと努力してきたことが、ある時点で過食になり、贅沢《ぜいたく》になり、やがてメタボとなって国の保健制度にまで問題が発展してしまう。情報についても似たような経過を経ています。現代における情報と時間のマネジメントは、本当に難しくなってきたなあ、と実感します。

⑧マニュアルを鵜呑みにする「ハウツー君」

ハウツー本、就活本などを鵜呑みにしている学生も多いようです。すぐに答えを求める若者にはありがちですが、あまり効果はないようです。いつの時代にも共通している常識についてはいいとして、具体的なハウツーの部分は、実際にやってみるとおかしなこともけっこうあります。それを真に受けて、堂々とやっている人たちには、ちょっと驚かされます。マニュアルを丸呑みすることが、正しいことだと思い込んでいる、間違ったまじめさです。

面接や会社説明会もコミュニケーションです。お互いに興味と関心を持ってつきあいます。一対一か、一対多の違いはありますが、良い質問が出ると、会社側もうれしいものです。

たとえば「ビジョンはわかりました。では、そこに向かっている御社の課題は何ですか」とか、「その課題に対して、どんなことをやろうとしているのですか」といった、その会社に少しでも興味がないとできない質問が、良い質問です。「売上が倍増したというが、それはなぜか」とか「営業戦略をもう少し具体的に教えてください」というのも、経営者だったらうれしい質問です。

つまり、プレゼンターの話した内容について、きちんとコミュニケートできているのです。反対に、「何のために創業したのですか」とか「創業時の苦労を教えてください」といった、マニュアル本に出てくるありきたりな質問にはうんざりします。そして、一番いけないのは、「社長は色にたとえると何色でしょう」などという、意味不明な質問です。どこかのノウハウ本に書いてあるのでしょうか、「必ず一つは質問しよう」といったマニュアルをただ実行しているだけとしか思えません。

会社説明会は合コンではないのですから、場を盛り上げようとか、ユニークさを競うとか、普通とは違う質問をして目立てばいい、というものではないのです。

⑨誰もが採用したくなるルックス

これはたとえば、⑴さわやかな雰囲気がある、⑵声が落ち着いており信頼できそう、⑶スーツの着こなしや顔つきから仕事ができそうに見えるなどのルックスが醸し出すもので、多くの人が「できる人」というイメージを持つ人を指します。

問題なのは、どうしても第一印象が良かったり、面接をしていても楽しかったりするので、過去の実績から判断するという面接の基本を忘れがちになり、「この人を信じて採用してみよう!」という気持ちになってしまうことです。なぜだかわかりませんが、こういう人たちは早期離職して、転職を繰り返す人の中によく見かけます。なんといっても**多くの人に好まれるルックスは、面接という場において間違いなく強み**であり、本人もそれに気がついているのでしょう。

こういう人が面接に来た場合は、心を鬼にして、気を引き締めていく必要があります。過去の事実、実績以外を耳に入れないように徹底します。その中で矛盾点はないか、本当に本人が貢献したことは何なのか、などを冷静に読み取る必要があります。

ルックスの良い人を採用して失敗した場合、振り返って調べてみると、ほとんど思い込みで会話しており、冷静な判断ができていないようです。面接官の好き嫌いという弱点をよく認識して、間違いを起こさないようにしたいものです。

⑩幻想にすぎないキャリアビジョン

「仕事を通じて自己実現、あるいは社会貢献」といった話は、学生の間で普通になりました。そのことに違和感を覚えるのは、私だけではないでしょう。かの有名なドラッガーは「最初の仕事はくじ引きである」といったそうですが、まさに真実の言葉だと思います。

私も起業して、どのように社会に貢献しようか、と考えています。でも、起業した当初からそんな考えがあったわけではありません。社会貢献したいから起業したのではなく、起業してみて、会社を成長させていく過程で、社会貢献も考えるようになった、というのが本当のところです。

最初から天職だとか自己実現といったものを職業に求めると、社会に出て働くことの大切さを学ぶことができない可能性があります。実際には、働きながらそういうことを考えていくのが、本来の正しい姿だと思います。仕事を通じて、いままで知らないことをたくさん学んでいく。そうした視野を広げる過程で自らの適性がわかってきたり、本当にやりがいのあることを見つけていったりするのが正しい順番ではないでしょうか。

ある実験によると、幼い頃からの夢（たとえばパイロットになる）を叶えた人の、人生における満足度はとても高いそうです。これは想像つきますよね。ところがほとんどの人は、幼い頃の夢と現実の職業には大きな乖離《かいり》があります。でも驚いたことに、このような普通の人々でも、就職後にやりたい仕事を見つけた人は、それが昔の夢と違っていても、満足度においても前者と変わらない、ということがわかったそうです。すごいことだと思う半面、よく考えてみれば当たり前のことであり、そうだろうなあ、と納得できるのではないでしょうか。

大事なことは、私たちが若い彼らに、こうしたことをきちんと伝えることだろうと思います。

以上、本章では「期待はずれ」の人材について、これでもかと列記してきました。それらを反面教師に浮かび上がってきた事実にもとづきながら、次章では視点を１８０度変えて「一流の人材とは何か」「どうすれば一流人材を採用できるのか」について検討していくことにします。

第3章　一流の人材はどこにいるのか？

素直さと向上心がすべての資質のベースとなる

人材は企業による教育でどの程度伸ばせるか。

よく議論になるところですが、私の経験では、採用段階（つまりその人の持っている資質）で8～9割が決まると思っています。

だからといって、入社早々から即戦力になる人材ばかりを採用せよ、といっているわけではありません。基礎的な資質があれば、他の能力が少し劣っていたり、規格外の人材が含まれていてもいいのです。

かくいう私自身も、どちらかというと規格外の人材でした。きちんと評価され、会社の役に立つようになったのは30歳頃からと大変な遅まきで、当時の上司からは「樋口は本当に珍しいケースだ」といわれていました。

そんな私から見ても、50歳までのスパンでの30年を振り返ってみると、この年齢で**いい仕事を実際にやっている人たちは、成長のスピードはいろいろですが、例外なく共通する資質があること**がわかります。

それは、わかりやすい言葉で表現すると素直さです。これにプラスして向上心もあります。素直さという言葉には、少し驚くかもしれません。でも、本当にそうなのです。まあ、素直な人が上司や先輩から好かれるのは理解できますよね。20歳代の成長期において、上司や先輩からかわいがられる要件の一つは、やはり素直であることです。実はこのことは、30歳代になっても40歳、50歳になってもまったく同じことなのです。企業の責任あるポジションをつかむ人は、ほぼ例外なく素直です。人の話をよく聞くし、過去の成功にも縋《すが》らない。いつも謙虚で、勉強を欠かさず、毎日少しでも自分を伸ばそうと生きています。こういう態度でいるからこそ、責任やポジション、待遇もついてまわるのです。

反対に、頭はいいのに、素直じゃない人は、プライドの高い人が多く、周りの人が本人にアドバイスをしたがりません。誰しも職場の人間関係を壊すのは嫌なことですから。また、自己評価が高いことが多く、そのために素直に自分の弱点を見つめられず、伸び悩む人が多いのです。

このように、**素直な人かどうかは成功への分かれ道**といっても過言ではないでしょう。だから基本的な能力や適性にプラスして、この素直さは必ずチェックしなければならないのです。

甘い夢を語ることと向上心は違う

たとえば、ある学生が「10年後に私は独立して社長をしていたい」といったとしましょう。この時点では、これは向上心ではなく、夢であることが多いのです。**本物の向上心のある人は、過去からこの目標につながる生き方をしており、過去、現在と将来が連続しています**。現状から考えて上をめざすのですから、地に足が着いています。この場合なら、10年後に社長になるために、いま何かをしているはずです。

ところが、甘い夢にはそうした現状がありません。「夢見る夢子ちゃん」は、地に足が着いていない。つまり、その目標に向かうために当然やるべきことをやっていないのです。こういう人は、会社や上司に過剰に期待します。向上心とは、生きていくうえで「せっかくこの世に生まれたのだから、少しでも自分を高めていきたい」とか、「人に尊敬、信頼されるような器の大きな人になりたい」というような純粋な自己成長意欲を指します。

こういう能力の高い人は、学生時代から、自分の能力を超えるようなことに挑戦していたり、そういう目標を持って地味な活動を続けていたり、友人がやはり目標を高く持っていたりします。つまり学生時代から生き方がストイックなのです。彼らはみな、会社に入って急にそうなるわけではないのです。

また、向上心の高い人は、そのこと自体が困難なことの連続であり、楽ではなく、苦労の末に達成感があることを知っています。そして、その快感を味わい続けたいと思っているのです。

実は、向上心という資質や志向は、会社で教育できるものではないのです。

自らに燃える自発性の炎は、人から教わる次元のものではありません。だから研修も上司によるOJTも無力です。採用段階から優れた人は、そういう仕事や環境を与えれば「勝手に」自分を伸ばしていきます。こうした部下は、高い困難な目標を与えていれば満足するので、ある意味では育成が楽かもしれません。上司や人事部が活性化を考えなければいけない人たちとは、まったく違う人種なのです。

ちなみに私の想像では、この資質はどんどん劣化しているように思います。社会が成熟化して、飢えた若者が減少しているからでしょうか。それとも、私たち親や会社の教育のせいでしょうか。「こいつはモノが違う！」という学生の出現率は、５％を切っているような気がします。

直感力と決断力

変化の時代、一流になる人材には直感力が備わっているのです。**一流人材は、簡単には人に相談しません**。**悩んで、自分で決める**。最後は、自分を信じて直感を大切にします。そして、その結果おおむね成功します。人生を生きるうえでとても大事な決断は、ゆっくりと検討しているヒマなどないことが多いものです。

一流人材の行動パターンには、安易に人に相談しない、人に頼らない部分があるのだ、とわかってきたので、試しにいろんな会社の優秀な人たちに片っ端から聞いてみると、ほぼ１００％そうでした。こうした人たちは一般的な情報に惑わされません。たとえばネットやテレビの情報を安易に信じません。情報過多の中で、情報に惑わされている〝情報メタボ〟な人たちは、何度も申し上げているとおり、私はあまり考えない人だろうと思っています。ブログとかSNSなど無料の情報は読んで楽しいかもしれませんが、それ以上の付加価値はないと思っています。もちろん事業戦略や有名人が仕事上でおこなう例外はあると思いますが、ネットを通じて入手できるタダの情報はやはりそれなりのものだなあ、というのが私の経験則です（まあ、かくいう私もブログを毎日書いていますが……）。

私が考える一流人材のイメージは、情報の洪水の中で、自分の決断に活かせる良質な情報ルートをきちんと押さえている人です。それが、物事をよく考えている人の特徴そのものです。だから、彼らは人的ネットワークをとても大切にして、リアルなコミュニケーションにしっかり、時間というコストを投資しているのです。

そもそも人の頭は、ものを考える視点からすると、それほど膨大な情報を集められないものです。だから、たとえばネットにアクセスして新聞記事を読んでも、「これ、聞いた？」「知ってる」「読んだ」「読まない」、それだけのことになりがちなのではないかと思います。

また、決断力のある人は、考え、悩む思考のパターンを持っているように感じます。その際、時間という有限の概念をとても大切にしていて、際限なく考えるようなことはしません。新卒採用において私が試しているのは、内定通知から返答までの期間です。真剣に人材の採用を考えれば、本人の決断まで1週間で充分でしょう。これは彼らにとって最大の決断で、本当のところがよく見えます。そこがまた、評価ポイントになるのです。

大学偏差値よりも学内順位で選べ

一流の人材は、その学校でトップ20％に入っていることが多いように感じます。この20％とは学校の成績ではないし、筆記試験などで定量的に測れるものでもありません。しかし、どの大学であれ、そこでトップクラスの人たちは、たとえば、リーダーシップがあったり、元気があったりといった、企業にとって良い影響を与える人材が多いことも周知の事実です。企業内の2：6：2の原理（どんな組織でも、よく働く2割、まあまあ働く6割、あまり働かない2割の構成となる）と同じかもしれません。

反対に、偏差値の高い大学でも、下位の成績の人たちには、あまり良い人材がいません。

企業によって、どういう偏差値の大学からの応募が多いかは違うでしょうが、どの大学であってもその大学内でトップレベルの学生が来てくれるゾーンにあわせて採用すると、良い採用ができます。学校のブランドだけで見て、偏差値の高い大学が多いと社長や経営陣は単純に喜びますが、それは必ずしも企業にとって良い結果にはなりません。だから私は、クライアントの新卒採用をお手伝いする際、「どのレベルの大学であればトップ層を採れるか」を最初にチェックします。そして、そこに最大限のリソースを投下し、確実にその大学のトップレベルを確保するのです。

採用力が上がると、必然的にいわゆる上位校の学生も応募してきますが、安易に採用してはいけません。企業と大学には一定の器があり、上位校の学生が受験するということはうれしい半面、「なぜうちなんかを受けに来るのか?」と疑ってかかるべきなのです。大学のブランドに目がくらみ、採用したあとに後悔しても遅いのです。

企業の器に合ったレベルの大学からトップクラスを採用すること。加えて、社風とマッチする大学に絞るというのも大事な選択で、中期的な戦略として大変有効です。地味でもコツコツやる人の多い大学がよいのか、積極的で外に出る性格の人の多い大学がマッチするのかなどいろいろあるでしょう。自社ではどの大学と相性がよいのか、一度分析し、検証してみることをおすすめします。

1・3倍の能力

新卒採用は、前年採用者の1・3倍の能力にせよ、と私は常々主張していますし、当社で

図1　「1.3倍の人材」の採用が目標

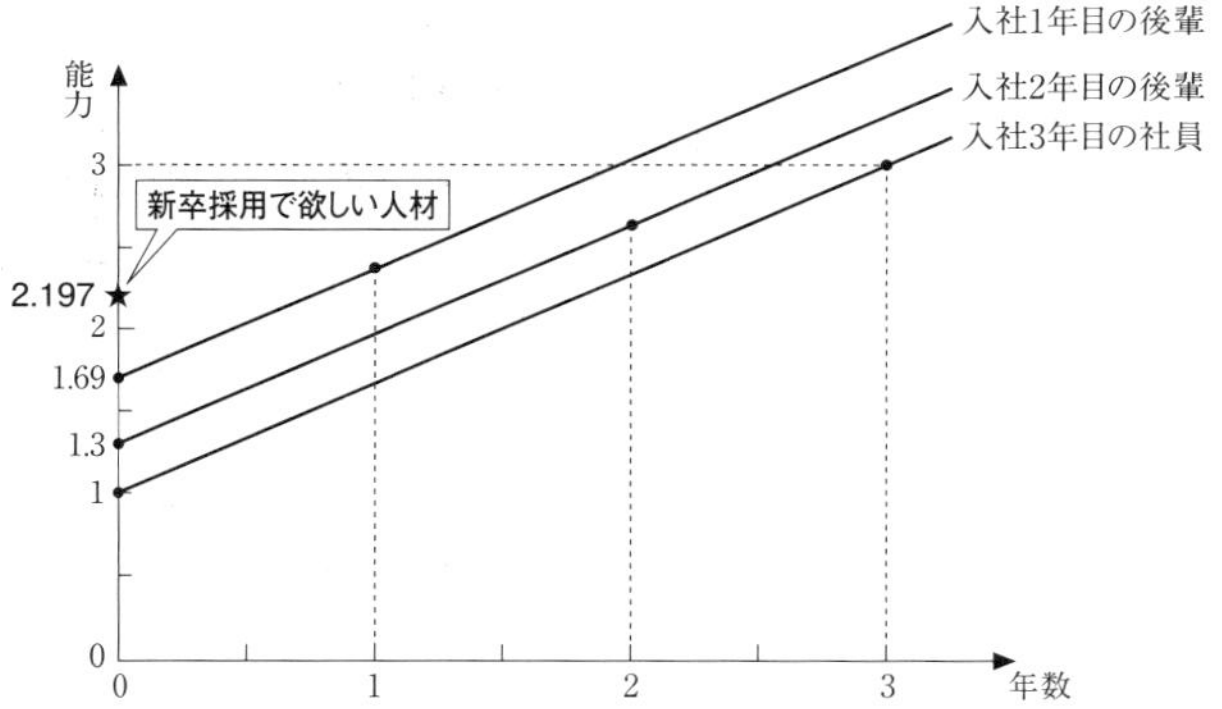

仮に新卒社員が右肩上がりに能力を伸ばし、なおかつ毎年1.3倍の能力の人材を採用できたとしよう。すると入社3年目で3の能力に達した社員ならば、2.197（＝1×1.3×1.3×1.3）の能力の人材を見抜くことができる。

もそれを実践しようと心がけています。このため、人の育成が上手くできていないと、面接官は自分より能力の高い人を面接しなくてはならなくなる、なんてことになってしまいます。

自分より能力の高い人を見抜くのは、不可能であると私は思います。ということは、もし入社3年目で1次面接の面接官になるとすると、3年前の自分に比べて2・197倍（1・3×1・3×1・3）の高い能力の人材を面接することになります（図1）。

ですが、3年の間には、実務を通じてその人の能力も上がっているはずです。おそらく入社時より3倍ぐらいにはなっているはずですし、なっていないと困ります。

すると「俺のときよりもすごい」とわかるはずです。脅威を感じるのです。これは、いま3倍に成長しているからそれがわかるのです。もし、まったく成長していない人が面接官をしたら、相手のレベルがまったくわからず、最悪の場合、簡単に落としたりすることもあります。

面接官の人選が大事なのは、こうした意味もあります。**入社後きちんと伸びている一定レベル以上の能力を持った人に対応させなければ、良い採用はできない**のです。

もちろん、一流企業ではもともと（少なくとも採用時点で）優秀な人材ばかりを採用してきているはずなので1・3倍理論は目標として高すぎるでしょう。ですので、成長を志向している企業、もっともっと成長していきたいベンチャー企業に、この考えが当てはまると思っています。

トップパフォーマーの採用と育成

ベンチャー企業が新卒採用だけに絞って3〜4年経って、企業の成長と採用戦略が上手くかみ合ってくると、年に1〜2名は、社内には見かけないような人材が受験してくれるようになります。こういう人材は**持っているモノが違う**ことが多いはず。なぜ当社に来てくれたのだろう？　みたいな人と面接で出会えます。実は、こういう一流人材は、一流の面接官にしか見抜けません。こういうケースに限って、最初の面接での評価は凡庸であったりするからです。普通の面接官には、大物の大物たることがまったくわからないのです。たしかに見た目が冴えなかったり、話し方がスマートでなかったりするので、印象評価をしている面接官には、「まあまあ」くらいにしか評価できません。

ですから、こういう一**流人材と出会えたら、トップが完全に管理するプロセスが必要**です。なぜならば、本人の高い向上心を満たす仕事や目標を話し、魅力を伝え、口説く必要があるからです。つまり一流人材を獲得するのは、トップの仕事なのです。

こうした人材がめでたく入社を決めてくれるとうれしい半面、トップとしては「これはヤバイ」とも思うのです。大体の場合、そういう人材に与える仕事がないからです。そういう人材が満足し続ける仕事を用意できなければ、いずれその人は去っていくかもしれない。採用に成功したトップは、このことが想像できて焦るのです。

そういう優秀な人材を採用できたら、どこに配属して、どういう仕事をやらせるかが重要です。初年度から、楽しくてしょうがないような環境をつくって、目標を示し、ビジョンのはっきりした仕事を与え続けていかなくてはなりません。そのために多少、会社が無理をしてでもです。

そうすると、大多数の社員が熱心にやっている基本的な事業を大事にし、地道に収益を上げる一方で、優秀な人材向けの仕事もつくらなくてはいけません。3年計画を立てたとしても、優秀な人にはさらにその先の話までしないと辞めてしまうかもしれないのです。

仕事に人を合わせるのではなく、人に仕事を合わせるのは、優秀な人材が何よりも大事だからです。

もちろん、昔の時代も新人にはピカイチもいれば、どうしようもない人もいました。最初はそんなものだ、みんなで足並み揃えて行こう、という時代が長く続いたと思いますが、いまはそれができなくなってきたのです。

いまでは名だたる大手企業でも、一流人材には、はっきりと差をつけたレールで育成をすることが多いと聞きます。従来「和」を大切にする日本企業では難しかったことかもしれませんが、いまや大変化の荒波を乗り切るリーダーシップを持つ、優秀人材が離職してしまうリスクのほうがよほど大きいのです。ほとんどの企業が、仕事を人の成長スピードに合わせざるを得ないのが実態でしょう。だからといって、優秀な人材の採用をためらっていたのでは、企業としての成長がおぼつきません。良い人材を見抜き、それに合わせた育成をしていくこと。きわめてシンプルですが、それが企業を成長させる本質です。

一流人材を獲得するには、あえて口説かない

さて、トップレベルの学生の採用について、もう少し詳しく見ていきましょう。

当社では、セミナーや会社説明会の時点で、「モノが違う」一流人材に目をつけます。もちろん会社の人材レベルを大きく超える応募者は、育てることができないので、対象外です。イメージでいくと採用ターゲット人材の150％くらいでしょうか。こういう人材とめぐり合うと、その時点で私に報告がきます。彼／彼女の適性やタイプを想定して、最初の面接から面接官としてエース級を投入します。

ただし、**口説いてはいけません**。こういうレベルには空腹をおくびにもださずに淡々と接していきます。自社の課題も隠しません。むしろ面接官のレベルの高さと品格の高さをアピールするのです。ここが重要です。「この会社規模のわりには、面接官のレベルが他社と違うなあ、どういう人材がいるのだろう、またどんな教育をしているのだろう」という興味と関心を持たせることが重要です。

実際の面接は、ゆったりした時間で、自社の一流の人材とゆっくり会わせ、あえて口説き

もしません。先輩として「俺の人生観は」とか、「こういうところだよ、会社とは」という話だけをさせるのです。それが一番の口説きになるからです。そういう意味では、一般とは別プロセスでの採用方法になります。

会社の命運を握るかもしれない一流の人材を獲得するには、こうした考えで取り組む必要があります。

ですが、選考過程では、対等でフェアな関係を保ちます。先輩として、来てほしいという気持ちは出しますが、会社の良いところ、悪いところ、それから社会で何が大事か、就職先を選ぶときに何が大事かを、淡々と語ります。

こうした人材を獲得するためなら、相手にも時間を与えましょう。ゆったり相手のペースで進める。無理せず、学生のためを思って、話をします。おそらく、3回も会えば、十分なはずです。直感力があって決断力がある一流人材は、判断するでしょう。

こうした一流人材に、頭を下げて口説くことはまったく無意味です。会社の人材レベルと応募者のレベルは不思議なことに大体一致します。企業が成長し、人材レベルが上がれば、応募者のレベルも上がるのです。その中でも不思議なことに、定期採用で1割くらいの人材が、会社を大きく変える可能性のあるエース人材です。数十年にわたって高い評価を維持しながら出世する人となると、さらに少なくて、数％でしょう。

一流人材には特別な方法が必要

以前、ＨＰの人事にいたときのことです。日本ではまだ知名度が低く、Ｒ＆Ｄ（研究・開発）部門の採用で悩んでいました。そこで思い切って、３週間のアメリカツアーを組んだのです。限定10名。そこには東大の物理学専攻の学生、しかも研究室で上位の人たちも含まれていました。インターンシップのように少し職場で雰囲気を味わってもらって、夜は食事に行ったりもしました。

そのことが、あっという間に学生の間で話題になりました。こういう学生を採るらしいぞ、と。先生にも「こういう会社がある」と報告してくれましたし、「落ちたけどあの会社はいいよ」みたいな話にもなりました。

ただし、投資額も相当で、１０００万円を超えたかもしれません。

「おまえ、これで採れなかったらクビだぞ」というプレッシャーの中での仕事でした。

こうした地道な活動を通じ、少しずつブランドが浸透し、10人参加すれば１人ぐらい入社してくれるようになりました。当時は、全職種で年間２００人くらい採用していましたが、本物の一流人材が10人も入社してくれればいいのです。開発エンジニアという職種は、やはりピカイチが来てくれなければ困るのです。

一流人材を獲得するには、昔もいまも、それなりの努力と特別な方法が必要です。黙っていても、来てはくれません。

こういう人は少ないので、確率から考えても、中小企業や、知名度の劣る中堅企業ではまず採用できないでしょう。大学の器と企業の器があるので、能力のマッチングはまず不可能。価値観のマッチングを中心にやるしかありません。

少しでも優秀な人材が欲しいなら、はっきりと自社のカラーを打ち出すことです。会社の良さ、約束できること、変わったところなど、企業文化や理念を前面に出して、向こうから興味を持って来てくれるのを待つのです。

会社訪問でも説明会でも来てくれたら、口説いて採るしかない。そういう意味で、会社の尖っている部分が大事になります。

出る杭も認めよ

一流人材の育成は、邪魔をしないことです。普通の人材と同じようにやると、だいたいナベブタ上司になって、抑えつけてしまいます。その意味で、下手な上司に任せてはおけません。

一流の人材は、トップクラスの上司がいる部署に配属しなくてはなりません。上司といえども、人を見抜ける人はそういません。最初は、ほかの新人と区別がつかない。外面ではわかりませんから。でも、数ヶ月働くと「すごいな、違うな」となってきます。徐々に、みんなが認知するでしょう。でも、認知される前の、入社直後は、その人材のすごさがわかる上司にしか預けられないのです。

一流の人材もそうですが、特徴ある人を入社させると、その人だけ浮いてしまうのではないか、と心配する経営者もいます。

大手商社など一流企業は、いかにも肉食獣みたいな人もいるものの、総じてバランスが取れています。ガツガツしていても、チームの和は乱さない。一流企業ほど高いレベルでバランスが取れている人を欲しがります。

ところが、中小企業では、肉食獣を採用すると、それが前面に出てしまう。バランスが取れていないのです。できない上司はそういう新人をナベブタで抑え込もうとするし、組織の中からも浮きやすくて居心地が悪くなる。だから、せっかく良いと思った人材も、力を発揮する前に辞めてしまう。

そこで、中小企業にこういう人材が入社したら、多少のことには目をつぶって、好き勝手にさせるべきです。優秀な人ほど「本当にこんな人生でいいんだろうか」と悩むので、できるだけ社内の優秀な先輩に会わせてあげる。大手商社でも、40代で経営者になる人もいますが、そういう逸材に触れる機会をつくってあげると、自分の将来に期待を持つようになるそうです。

一流企業なら35歳頃までは、辞めずに黙ってがんばってくれる人が多いでしょう。でも、35～40歳が危ない。たとえ一流企業でも、「ここだけで終わっていいのか」と考えるのです。

普通の企業に来る人たちは、30歳前でそういうことをいい出します。だから、優秀な人ほどしっかり見ておかなければなりません。好きなようにやらせておきながら、きちんと見ておくことです。

とくにベンチャーに就職する一流人材は、血気盛んで上昇志向が強く、自分の能力をもっと発揮させようと思っていますから、のんびり育てられません。専門用語でいえば、これもダイバーシティ・マネジメント（多様化への対応）なのです。多少のトラブルを覚悟のうえで、出る杭を認めていかないと組織の発展はありません。とくに、一流の人材にのびのびと活躍させることができるかどうかで、企業の器が決まり、将来の発展性も見えてくるでしょう。

人事部門は投資ビジネス

最後に、人事部門の組織や役割について見ていきましょう。

昨今の環境の急激な変化に合わせて、人事部門も役割が大きく見直されています。ネットがこれだけ発達し、採用活動の重要なメディアになったいま、むしろ採用力のある企業は、そこに投資するよりも、いかに魅力的な人を採用担当としてアサインするか、を真剣に考えています。バーチャルからリアルな世界へ戻りそうです。

とくに、人事部長や採用責任者に、営業部門のエース人材を投入する例が増えています。それくらい企業の中で採用業務の比重が増してきているのです。こうしたことをふまえ、これからの変化の時代に人事部門はどうあるべきでしょうか。

採用や教育といった人材部門の仕事が、企業にとって「重要な投資活動」になってきました。つまり、かけるコストに見合うパフォーマンスを常に要求される、ということです。以前から採用や教育というのは、その成果が曖昧なものだといわれてきました。とくに新卒採用などは「まあ10年後のための仕事だよなあ」というのが担当者の口癖でした。

たしかに、いまでもそういう面はありますが、高度成長時代が終わったいま、学生はもっと早い段階での成果や成長実感を求めるのです。のんびり変わらないのは人事部門だけ、というのではまずいでしょう。〝投資〟ですから、学生1人当たりの採用コストは明確に示され、同時に、入社3年後のパフォーマンス目標も明確にされるべきでしょう。このような**コスト効果（期待値）を定量的に明確にすることで、採用業務は飛躍的にその品質が向上する**のです。

さて、投資事業となった人事部門において大事なことはいろいろありますが、採用業務においては、「人材を定量化して把握する」ということが挙げられます。たとえば「求める人材像」（詳しくは第4章で説明します）もそうです。社内で活躍する若手エース人材をベースに人材像を設計するのですが、イメージでそのコピーを採用しようとしても上手くいきません。彼／彼女の資質や志向、モチベーションのあり方、強弱までをデータ（数値）で示し、採用担当者全員で共有する必要があるのです。

このような科学的な手法を全社的に進めることで、従来のアナログ情報であった人材の特性把握がやりやすくなり、面接や研修などの業務もパフォーマンスが上がるようになります。

このような定量化されたデータがないと、面接官や管理職は、自分の思い込みと常識で判定をしなければならず、多忙な彼らにとって大変な重労働になってしまいます。採用や教育があまりにも過去の習慣や伝統に依存しすぎだったので、こうした点で日本はかなり遅れています。一度過去を捨てて、まずは「いったいどんな人材を採用すべきか？」の原点に戻るべきでしょう。ぜひ自社の社員全体の人材分析（組織分析）から、採用すべき人材像を科学的につくり出していくことをおすすめします。

縦割り組織はなぜダメか？

一般的に一定規模以上の企業になると、人事部門は、採用と教育の担当が分離されています。業務の都合上やむをえないとはいえ、人材採用と人材開発を一体となっておこなう観点からはあまり良い組織とはいえません。

人事の機能は、いま激しく変わりつつあります。伝統的な人事部門は、人事部長がいて、機能ごとにチームをわけています。採用・教育・労務・企画……とそれぞれ責任者がいます。このため人事部門内でも分断が起きてしまいます。たとえば採用チームは、母集団集め・選考・内定し、入社式までが担当で、その後は教育部で、というような具合です。

このことの何が問題かというと、採用した人材がどう組織に貢献していくのか、どう育っていくのかがまったくわからないことです。そもそも忙しすぎて、そんなことを考える余裕もないのかもしれません。つまり、仕事（投資）の効果検証ができない状態になってしまっているのです。

私の理想は、採用・教育チームを二つから三つつくることです。第一チームは、採用し、入社後1年間彼らをフォローします。次の年の採用は第二チームがおこなうのです。こうした交互のローテーションのほうが、人事部門全体の組織力を上げるのではないでしょうか。

また、事業部に人事部門を設けるのも有効です（図2）。つまり、本社の人事部門は、採用企画、教育企画といった担当者だけがいる非常に小さい組織とするのです。そしてオペレーションは事業部人事部門がおこないます。事業ごと、部門ごとにわけて、事業部・部門内の採用から教育まで、事業部人事部門が全部見ます。パートやアルバイトも含めて、採用と教育を一元管理します。こうすると、自分が良いと思って採用した人が、現場でどのような評価を得ているのかもわかり、その結果を検証して、次の採用に活かすことができます。

同じ会社でも事業（商品やサービス）によって、求める人材像も変わってきます。変化の激しい事業と、変化の少ない事業では、営業の仕方一つでも違うでしょうし、そこにマッチ

図2　新しい人事のかたち

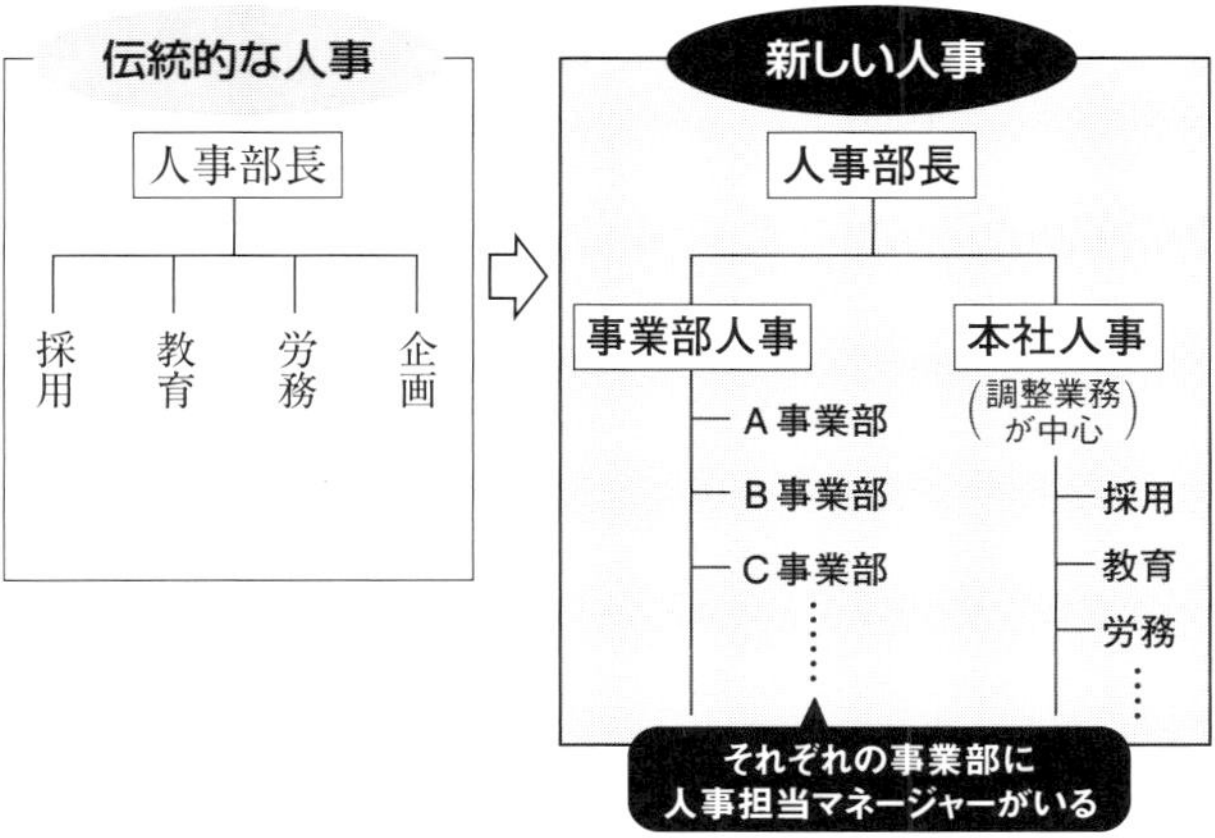

するタイプも違ってきます。当然、入社後の育成方法も違います。ですから、採用人数や採用方法も事業部独自で決めるべきです。事業部人事部門が、そうしたきめ細かな対応をしていくことで、採用から育成まで一貫した施策が取れるのです。本社人事部は調整業務と予算管理が中心になります。こうした組織は、そもそも事業部支援をミッションとする人事部門には、とても有効だと思います。

　さらに地方担当を設けている企業もあります。一年中、拠点を歩いてまわって、いわば現場の愚痴を聞いてくる仕事です。**マネジメントサポート、現場サポート、愚痴聞き係、そんな役割で構成していく人事部門となるの**です。

＊

以上、第一部（第1章～第3章）を通じて、いまどきの若者たちの実態と、同時に彼ら彼女らを放置してきた上司の側の問題点もおわかりいただけたことでしょう。この現実を乗り越えるために、第3章では採用・育成のポイントについても少し触れました。

そこで、続く第二部（第4章～第6章）では、〝期待どおり〟に活躍してくれる「使える人材」を採用・育成するための実践的なアドバイスへと、さらに話を進めていきたいと思います。

第二部

どうすれば「良い人材」を採れるのか？

第4章　間違いだらけの日本の採用

さて、前の章では一流の人材について検討してきましたが、現実問題として、各企業はそのような人材をどのようにして採用すればいいのでしょうか？

私たちはコンサルティングサービスをお客さまに提供していく以上、当社がいわば実験の場にもなっています。その結果、自社で確認された本当に有効な方法だけをクライアントにお勧めしていくことを事業ポリシーとしています。

そこで、当社やクライアントの事例を交えつつ、ポイントを説明していきましょう。

求める人材像設計のポイント

まず、**採用する人材の基準というものがしっかりとしているかどうか**が、大変重要なポイントです。採用担当者向けのセミナーなどで、「自社の採用すべき人材像はありますか?」というような質問をすると、ほぼ全員の方が手を挙げます。ところが、実際には、その人材像を採用戦略上に展開していたり、面接の中できちんと評価している企業は、非常に少ないように思います。

たくさんの応募がある人気企業であれば、その中から相対的な評価で上位層を選べばいいので、厳密な人材像設計は不要かもしれませんが、普通の企業ではそうもいかないでしょう。一般的には、その会社の事業環境に合っていて、将来にわたって会社を成長させる人材を採用したいと強く思うはずです。

このように考えると、一体どんな人材を求めればいいのか、よくわからなくなります。私はこの難しい問題には、こんなふうに対応したらよいと思っています。

「将来の活躍人材はどうあるべきか」などと難しいことを考えずに、「**いま、実際に活躍している若手人材のコピーを採ろう**」とするのです。ここを出発点にすれば、間違いありません。現在活躍している社員は、実際の採用基準とは違っていることが随分とありませんか。

そうであるとしたら、人事部のみなさんが机の上で考えたり、「当社の将来を担う人材はかくあるべし！」と役員が議論したところで、現実離れした理想像ができあがってしまい、実際の面接では上手く使うことができません。これでは、もったいないでしょう。

現場で活躍している人材というのは、意外と「採用時は期待をしていなかったけれども思ったより現場の評価が高い」という人たちが多かったりもします。このように、「彼／彼女はなぜ評価が高いのだろう」というところを分析することからはじめるのが、人材像設計のキモです。

私の経験上、こういうモデル人材は一流校出身者で入社試験の成績が良い人というよりも、雑草のようにもまれながら育ち、上司や顧客にかわいがられるような素直で明るい人が多いように思います。プレゼン能力よりもしっかりと理解する姿勢、暗記力よりも自分の頭で考えようとする行動、自己ＰＲよりも周りの仲間を思いやる姿勢などが、意外にもこうした人材の共通点として出てきます。

こうした人材像を採用担当者がまとめ、関係者で共有したうえで、次にはどうやったらこういう人材が受験してくれるだろうかというＰＲを考えます。そして、その次に彼らの入社意欲が高まるような会社説明会の企画をしたりと、採用すべき人材像を基点に、採用戦略全体を組み立てていきます。このようにターゲットを絞り、採用すべき人材像に合わせた採用戦略を立てることが、採用成功のための常套《じようとう》手段です。自社のサービス（商品）を市場に売り込むマーケティングの手法と同じです。

私たちがクライアントの採用活動のお手伝いをするときは、初年度はエース人材を分析して、そのコピーを採用します。もちろん同じレベルではもったいないので、第3章で強調したように目標は**エース人材の1・3倍**です。でも2年目からは、もう少し工夫します。経営環境がこれだけ急変する時代、事業内容も変わりますし、それにともなって経営者が望む人材像も変化するからです。その場合、「いまは社内にいないが、将来必ず活躍する」人材も必要になるわけです。つまり、いまのエース人材にはないけれども、近い将来必要とされる資質や能力、タイプを見つけていくのです。これらは、企業トップの方から直接うかがうようにしています。又聞きでは理解できない内容だからです。

会社説明会で何を語るか？

当たり前のことですが、会社説明会というものは、学生がお客さま（主体）で、彼らのニーズに応えることが大切です。そういう観点から、私は会社説明会で、学生がインターネットなどで調べられることは話さないようにしています。会社案内などを作成し、それを配っておけば、興味を持った学生はあとからしっかり読むものです。間違っても、創業以来の歴史を延々と語るとか、業界の歴史を説明するようなことはしません。

《会社説明会のポイント》

1　説明会は、学生が知りたいことを知ってもらう場とする。
2　参加人数は、双方向のコミュニケーションが可能な人数。それ以上は呼び込まない。
3　登場するスタッフ全員が、自社の理念を体現していること。
4　入社してほしいあまり、ウソをついたり、背伸びしたりしないこと。

要は、等身大の会社の姿を見せることです。こうすることで「勘違い入社」を排除できます。ごまかして入社させたところで、そのフォローに現場が苦労しますし、最悪の場合、早期離職につながってしまいます。

どのような企業文化か、どのような理念か、みなさんに約束できることは何か。約束が守られているかどうか、実績はどうなのか。それから、当社で大切にしている価値観は何か、そのために、どういう人に来てほしいのか。メッセージとして、聞いている学生が理解しておもしろいと感じられる内容に絞るようにしています。

また、質疑応答をなるべく増やしています。時間の半分ぐらいは質疑応答です。さらには、若い社員との交流会も設けています。

学生が知りたいのは、企業の実態とか裏側ですから、それをオープンに出し合う場にします。こちらとしては、良くも悪くも選んでいただく立場です。どうも合わないという人は、そこで去って（辞退して）いただく。仮に優秀な人であっても同じです。いいなと思った人は、ファンになっていただく。そういう説明会になれば、ベストです。

結局、**内定辞退や早期離職が増える一因として、採用以前に提供したウソがある**と思います。採用担当者は優秀な学生を採りたいので、気持ちはわかるのですが、騙してあるいは隠して入社させたとしても、いまは釣った魚にえさをやらなくてもいい時代ではなく、いまの魚は網を破って簡単に逃げてしまうのです。人材調達にかかる全体のコストを考えたら、都合の悪い話も隠さずきちんとしておいたほうがいいのです。またそういう潔い企業が学生に好感を持たれ、クチコミでよい評判が広まっていくのです。

たとえば、当社にはいわゆる商品パンフレットを持って売り歩く営業マンはいません。当社のサービスは、コンサルタントでないと売れないからです。だから入社当初から営業のキャリアを積みたい人には、当社はふさわしい場とはいえません。パッケージ化された商品を提供することを避け、クライアントへのオーダメイドをベースに問題解決をしていくコンサルティングを志向していますから、仕事のやり方もちょっと違います。まずは、クライアントのプロジェクトに参加し、仕事を覚え、その後顧客への提案活動をおこなっていくわけです。それが「楽しそう！」と思う人には来てほしいですが、最初から、営業という仕事を通じて自分を磨きたい、と思う人には期待に応えられないかもしれません。

この段階では、学生に正しく判断してもらうことが大切です。学生に正しい判断をしてもらうためには、適切な情報提供をするしかないのです。そのうえで、できるだけ志向の合う学生の入社意欲が高まるような内容にすべきです。

適性試験で人材のタイプはおおよそわかる

私は、新卒採用の面接選考には、いわゆる適性試験のデータが欠かせないと考えています。限られた期間内に相当数の面接をおこない、判断をしなければならず、面接官の力量だけに頼るのは危険だからです。一般的にいって、新卒の場合であれば、面接のサポートデータとしてほぼ80%以上の適切な情報を提供してくれます。

特にその人がどういうタイプの人か、ということに関してはかなり精度が高い、といってよいでしょう（もちろん、そのパフォーマンスに対する検証はいまも続けていますが）。多くの学生と面接していると、適性試験の結果と本人の自己評価（自己ＰＲ）が大きく違うケースがあります。

そういう場合、以下の二点が考えられます。一つは、本人が自分自身を客観的に理解していないケースです。自尊心が高く、自己評価の高い場合もあります。

こういう人は絶対に採用してはいけません。あるいは自分はこうなりたい、こうあるべきだ、という理想が高すぎて、そのような視点で適性試験に臨んだ場合もあります。いずれにしてもこういう場合、採用には慎重になるべきです。なぜならば、自己を客観視できるということが、社会人として素直に成長できるかどうかの出発点だからです。

いずれにしても、私は適性試験の結果が正しいという前提で面接を進め、会話の中でその違いを丁寧にひもとくように確認していきます。そして、相手の全体像をきちんと理解するよう努めます。

ところで、適性試験は35歳以上の人、部下を持っている人にはあまり有効ではありません。仕事そのものが非常に複雑になり、その結果回答に一貫性がなくなることが多く、信頼係数が低くなるのです。若くて社会経験の少ない人ほど、その人のタイプが正しく表されることが多いようです。だから新卒採用ではとくに、重視していいと思っています。

適性試験の結果を面接で確認する

適性試験は、会社に入ったらどういうタイプの人間になるかを非常にシンプルに判断します。「行動力がある」とか「緻密だ」「創造性が高い」といった判断です。いわゆる勉強の出来・不出来は、直接的には関係ありません。

たとえば、営業で採用したければ、身体活動性が低い人は採らないでしょう。タフネス、心の強さは高いほうがいい。事務系なら、正確さ、緻密さなどが求められます。企業側に「こういう人を採用したい」という明確な基準、求めるコンピテンシー（発揮能力）があるなら、それに照らして選考することが可能になります。だから、採用では不可欠なものになっています。

一般的な適性試験では、その人についてのどのような性格（パーソナリティ）かを分析し、コメントがつきます。また、人の行動特性をいくつかのパターンで表現します。これを読んで面接に臨んで、評価が分かれたら、適性試験の信頼性に問題があるか、本人が厚いお化粧をして、お見合い面接をしている可能性が高いのです。

適性試験の限界

本来このようなデータは、自社の現有社員にも実施して、その内容をよく理解し、現有社員の「強みと弱み」から採用面接で見抜けるようになると、とても効果的なのですが、なかなかそうなりません。

これは、提供側の問題が大きいと思うのですが、採用時だけにこういう試験をおこなうことが、そもそも大変おかしいことです。なぜならば、採用というものは、社内の評価制度（基準）の延長であり、できるだけ社内評価が高い人を採用すべきだからです。そういう意味では、採用の評価基準が、社内評価基準をもとに作成できればベストなのですが、これは、私たちのような専門家でないとなかなか難しい作業です。

このように考えると、適性試験は、その結果を社員と付け合わせる必要があることに気がつきます。つまり、応募者と社員が常に同じ試験を受け、データベースとして保存して、いつでも分析できるようにしておくことが大事なポイントになるのです。なぜならば、社内で活躍する人材に近い資質を持った人材の獲得をするわけですから、社内の優秀な人材と同じ結果を求めるほうが自然です。ところが、結果が紙のレポートでしか送られてこない適性試験では現実的にこれができません。実際には、**すべての応募者、辞退者、入社者、そして全社員のデータが一元管理されて、はじめて正しい評価ができる**わけです。

そういう観点から、適性試験を活用できている企業はまだ少なく、あくまで採用面接の補助資料としてしか使えておらず、実にもったいない、というのが素直な感想です。ちなみに、当社で推奨している適性試験は、この問題をすべてクリアしている優れものです。

メンタル面の見極め

適性試験で見抜けることの一つに、メンタル面があります。メンタル面での強さは近年、とくに注意している企業が増えています。これは、心遣いやコミュニケーションスキルを求められる仕事が圧倒的に多くなってきたことが背景にあると思います。

ここでは、美容室の例でお話ししていきましょう。昔の床屋は、誰が来ても主人のペースで話をして、顧客が聞きたがらなければ黙っている。あるいは、ろくに口も利かず黙々と髪を切るところも多かったような気もします。でもいまの美容室は、一人ひとりの顧客に合わせた話をします。カットやシャンプーの技術だけでなく、精神的な満足感を顧客が求め、ホスピタリティ部分での競争が激しいからなのでしょう。彼らは顧客を心地よく、気持ちよくさせようとします。つまり、職人としての技量だけではなく、コミュニケーション力も求められているのです。これは大変なことだと思います。好きな技術を極めるのはある意味でやりやすいことですが、大勢の顧客に対応をして、全員を心地よくさせる技術は簡単に教われないですし、相当に疲れます。

こういう時代の人材は、心の強さがものをいいます。**採用時にメンタル耐性をチェックすることはとても大事**であり、この力が、あまりにも弱い人を仲間に入れないようにするのも人事管理のうえで大きなポイントです。これは、適性試験でもある程度見抜くことが可能でしょうが、やはり面接で実際の行動事実を聞き出しながら、どれほど無理をして生きてきたか、つまり目標を高く保ってきたかを知ることが第一でしょう。さらに、その達成のための具体的行動で、ストレスに対する耐性の強さがおおよそわかります。なお、現実問題として、心の病で倒れたことがあるかどうかは、採用側の責任者が誠実な対応の中で、本人にきちんと聞くべきであろうと思います。

ストレス社会の背景

心の問題は採用面だけでなく、入社後の人事管理全体の問題です。少し話が逸《そ》れますが、そのことについてもここでお話をしようと思います。いわゆるワークライフバランスという考え方です。

ワークライフバランスというと、私は「プロフェッショナルが自らの責任を果たしたうえで、個人のプライベートを大事にするという考え方」だと理解していますが、日本では言葉が先行して、「仕事ばかりの人生はいかがなものか」というような解釈がなされているように感じます。

それはそれとして、たしかに私たちの過ごした時代のように、国全体が成長し、明日は良くなると大勢の人が思える時代が終わった現在、基本的な人事戦略として、「プライベートを我慢して朝から晩まで働け！」というのは難しいだろうなあと思います。もちろんそういう働き方が合っている人や望む人もいるでしょう。ただ、ネットや技術の進歩で、ここ20年ほどで、ホワイトカラーの生産性は世界的に高まり、日本では2倍から3倍ほど、時間当たりの業務負荷が高まっているのではないかな、と感じています。つまり同じ時間働いても、そのストレスは2〜3倍増になったというわけです。こういう時代変遷も考えると、残業の管理を含めて、仕事をやらせすぎないようにするのも一つの方向性です。

モーレツ社員の時代も過去にはありました。家庭など顧みず、長期休暇など何年も取らず、ひたすら働けるだけ働いていた時代があったのです。でも、それは世の中全体が、働けば働いただけ成長している実感があったからできたことでしょう。いまとは社会そのものが違います。またこれからは、人それぞれの価値観に合わせた働き方を認めざるを得ない時代だろうと思っています。働き方とは労働時間だけではなく、仕事の適性や難しさも含まれます。同じ職場でも、いろいろな価値観の人がいますから、一定以上の仕事の負荷をかけると、パタッと倒れる人が出てきてしまいます。

心の問題で悩んだ人の話を詳しく聞いていると、目標の高さと自分のパフォーマンスのバランスが崩れているようです。単純に長時間労働が悪い、とは言い切れないと思います。問題なのは、目標の高さなのです。しかも、その感じ方には個人差があります。厳しい仕事、簡単には成功しないことに若い頃から取り組んでいると、それが当たり前になりますから、達成できるかどうかで病気になるほどは悩みません。

もちろん、こうした心理的な耐性は、人によって強み弱みがあるので一概にはいえません。ただ、職場全体を考えると、**いまは入社1年目からプロフェッショナルな仕事ぶりを求められます**。数十年前なら、雑用から少しずつ、という段階がありましたから、会社の様子や先輩の動きを見ながら慣らしていけましたが、いまは即戦力というのが多いでしょう。コピーを取る、ファックスをする、といった助走期間の作業もほとんどなくなってきています。それらは先輩が自分でこなすか、あるいは派遣社員など別の人が請け負っています。つまり、人件費をどんどん削ってきた結果として、職場にゆとりがなくなってきているわけです。

さらに、そこにインターネットなどバーチャルな世界が大きくなってきた影響で、社会と学生の距離が遠くなってしまっています。情報だけはふんだんにあるので、一見近そうに見えますが、体感していないから、決定的な部分で溝が深くなっているのです。

メンタル耐性をいくら採用時にチェックしたとしても、その後の職場環境などによって、本来、強いはずの人でもしだいに弱ってしまうこともあります。

採用時に求めるパフォーマンスとその適性を知りたいと考えている企業は多く、関心も年々高まっています。人件費に見合ったパフォーマンスを発揮してほしい、そのための適性を見たい、というわけです。ストレス耐性もそこに含まれています。

ネット社会が面接を変えた

ここまで会社説明会→適性試験と実際の流れに沿って見てきましたが、次の段階に登場するのは通常、面接でしょう。新卒でも、中途採用でも、最終的に採用を決めるのはこの面接です。その面接のやり方を間違えている限り、会社が欲しい人材を見抜くことはできません。そこで、本章の後半と続く第5章では、具体的に面接を中心として、採用活動の方法について考えていきます。

ここ数年の変化といえば、面接がとても丁寧になっている、ということでしょう。

これは就職に関して、学生たちの間でネット上の掲示板での情報交換がおこなわれているからです。そのせいか、「掲示板で悪口が書かれている会社には、学生がほとんど集まらない」といったことがいわれているようです。しかし優秀な学生ほど、重要な情報はネットに依存せず、自ら動いて集めます。

以下の証言は08年のある新卒者のものです。

「インターネットを使わないと就職活動ができないような状況なので、登録し、会社説明会や参加学生のコメントなどの情報を常に検索していました。でも、多くの就活サイトの掲示板はその内容のレベルも非常に低く、そこに書かれている情報はあまりあてにしませんでした。ネットに書き込む学生のレベルは思ったよりも低く、かなり自己中心的な意見が多くて、客観性も乏しく信用できないと思ったからです」

このように意識の高い学生ほど、実はこうしたネットでの情報は無視していますし、自ら書き込んだりはしないものですが、それでも企業側には気になるのです。

つまり、企業側は、就職活動をする学生たちに、ネットで悪口を書かれないよう、丁寧に我慢強く接するようになってきたのです。

面接開始からたったの５分で採用不可の判断ができる学生でも、我慢強く面接を続けたり、質問に答えたり、エレベーターまで見送りに行くといったことをしている企業も増えています。

社員に対しても、説明会や面接に来た学生に、ちゃんと挨拶《あいさつ》するよう注意したりするのが当たり前になっています。これはこれでとても良いことだと思います。

同じような理由で、**いわゆる「圧迫面接」がなくなってきています**。圧迫面接は、あえて答えにくいような質問を投げかけて、練習してきた反応とは違う反応を引き出そう、ということなのですが、学生たちにはとても不評で「あそこは圧迫面接をしている」などとネットに書き込んだりするのです。その受け取り方もだんだんオーバーになってきて、通常よくある質問に対しても、「圧迫だ」という者もいるようです。

そこで、面接官のマナー向上が急務となったのです。**「採るほうがエライ」といった態度は控えるのが常識になってきています**。

しかしながら、肝心要《かんじんかなめ》の面接で学生を見抜くという点は、あまり改善されていません。現状では、面接官のレベルもスキルも非常に低いといわざるを得ないでしょう。

相変わらず自社への志望動機を聞いて、その答えから簡単に判断しているようでは、一緒に働きたいと思うかどうかを感じるための面接になってしまい、人を見抜くところまではいきません。

その結果、自らの好き嫌いで「かわいい学生だな」と思ったら内定を出してしまいます。これは**面接官の多くが面接のプロではない**からです。だから、採用する側は、若者たちの実態を知らないと採用で手痛いしっぺ返しにあいかねません。

また、学生は就職シーズンになれば、連日多くの面接官と相対します。理屈はわからなくても相手のレベルを肌身に感じてしまうものです。優秀な学生であればあるほど、この傾向は高まります。そういう観点からも、面接官のトータルスキルを高める必要性がありそうです。

面接は見抜きと動機づけの場

そもそも採用面接は何のためにあるのでしょうか。突き詰めて考えると以下の三つでしょう。まず、①相手の資質や能力を見抜くこと、次に、②相手がどういう会社（職場）であるかを感じられるような情報提供をすること、最後に、この二つとも関連しますが、③欲しい人材を口説くということです。これは、良い人材に対して、入社動機を高めることといってもよいでしょう。

採用選考は相思相愛を確認するためのプロセスですから、せっかくこちらが高く評価しているのに、それが相手に伝わらず、反対にガッカリさせていたら、問題です。こちらが来てほしいと思うように、相手にも「よし、ここに決めよう」と思ってもらうことが大切なのです。

そのためには、これまでの面接方法や、面接官の役割・態度などを変えていく必要があります。ですからまず、学生がその会社の社風を感じられるような面接にしてほしいのです。説明会の話や雰囲気と、面接の場で感じるものに大きな隔たりがあるようではいけません。学生が彼らの直感で判断できなくなるからです。そういう意味で、面接官の人選と、面接の進め方や雰囲気づくりはとても重要です。

説明会や面接官に社内で唯一のエース人材を出す会社もありますが、それもどうかな、と思います。面接官が社内で「できる人」であることは大事ですが、現場とあまりに隔たりのある、特別な人材を活用して入社後のギャップをつくるのは、問題を入社後に先送りする可能性があるからです。実際にこうした企業の離職率は高いことが多いのです。

むしろ、**面接官には会社の社風を具現化しているような人材がよい**でしょう。会社の良い面、悪い面両方を正しく体感、理解している人が彼らと面接などを通じて接することで、学生の入社動機が正しくかつ確固としたものになると思います。

面接は、双方が選び、選ばれる場です。企業側は学生を見抜き、学生は企業を見抜く。その意味では、面接は最低でも3回は必要でしょう。できれば、お互いの理解と話し合いの場として4回以上はあるべきだと思います。

こんな面接は必要ない

どの企業でも、採用にあたっては「面接重視」としています。「それでは、面接で何がわかるのですか?」と聞くと、「……」となってしまいます。これは、そもそも面接の本質的な目的である、ラポール形成のみを目的におこなっているからです。ラポール形成とは簡単にいえば、「明日から一緒に働く仲間同士が顔合わせをおこない、雰囲気を共有し、問題点を解決し、一緒にがんばろう！　という気持ちになること」です。一般的な採用面接のレベルは大体こんなものでしょう。

私が採用を含めた人事管理は科学的にやるべきだといっても、ほとんどの場合、「面接は科学的にやれないでしょう。最後は直感ですから」といわれてしまいます。たしかに、時間的にも制約のある面接で、入社後の長期的なパフォーマンスを見抜くのは、いまのような変化の時代には至難の業《わざ》かもしれません。しかし、そういう条件の中でも、人材開発に投資を怠らない一流企業は、私と同様の考え方でかなり以前から面接を科学的におこなっています。そしてそこで何がわかって、何がわからないのかもきちんと整理されています。さらには、面接官のレベルによるバラツキまでもが定量的に管理されています。

しかし、そういう企業はまだとても少ないのが現実です。

少し前までの日本では、一度入社したら数十年にわたって働き続けるという常識がありましたので、一流企業を中心に人事・採用面での研究を怠ってきたのだと思います。つまり多少の採用ミスがあっても、企業と個人双方が我慢する時代だったので、問題点が表面化し、経営課題として検討されることはあまりなかったのです。「せっかく採用した人材は上手く使いこなすものだ」というような暗黙の了解もあり、採用ミスを声高《こわだか》にいうことが、はばかられたのかもしれません。

ところが時代は変わり、企業と個人の相思相愛は長続きしなくなりました。**採用ミスが、業務とのミスマッチや早期離職など、経営にインパクトを与える問題を引き起こしています。**働く人の価値観も、企業を取り巻く環境も、大きくうねりをあげて変化するいま、人材調達手段である採用品質向上について、いま一度真面目に取り組む必要があるのではないでしょうか。

当社では、当然ながら、充分にトレーニングをされた面接官が面接をおこないます。小さな無名の会社であるにもかかわらず、優秀な学生がビックリするようです。「ここは、働いている人のレベルが違う！」と。こうして動機づけされた学生が、最終面接の場で私にそういう話をしてくれるのです。

一般的な企業の面接力が低い現状において、**面接官に対するトレーニングをきちんとすることが、何よりの採用力アップにつながる**のです。

「学生時代に一番がんばったこと」を聞くのは時間のムダ

ほとんどの企業では、「学生時代に一番がんばってきたことは何ですか？　それではそれについて××分間で簡単に話してください」というやり方が一般的です。当社でも、最初のステージの面接ではこの手法を使いますが、「決め手」となる面接では使いません。なぜならば、あまりに準備されている話で、その人の本質がまるで見えないことが多いからです。だいたい話は立派で、ストーリーも明確で、何かしらの成果のともなうものが多いのですが、入社後の地味な仕事の連続を考えると違和感を覚えざるを得ません。

それに、本当に知りたいのは、本人の資質や能力、努力についてなのですが、ドラマチックなストーリーの影響を受けるせいか本人の貢献度にかかわらず、高い評価になりがちです。中途採用であれば、面接で聞き出す話の内容が具体的な前職での仕事についてなので、こうはならないと思うのですが、新卒採用は仕事の経験がないので難しいのです。

ですから私は、日常生活になるべく近い話題を選ぶようにしています。たとえば、ゼミの話であれば、毎回の講義への取り組みを聞きます。開始時間のどれくらい前にゼミ室に行くのか？　どんな準備をするのか、不明点をどのように調べ、どうまとめていくのか？　どこまで議論するのか？　議論が熱くなった場合のあなたの役割は何か？　自然にそうなるのかどうか？——こうした質問から、その人の基本的な資質を見抜いていきます。就職活動や長期のアルバイトでも同様です。

ハイライトされた耳触りの良い成果は、あまり気にしないほうがいいでしょう。それよりも、**毎日の具体的な行動や習慣にこそ、学生としての資質や器を見ることができる**のです。

また、もう一つ大事な点は、**「本人の貢献度」がわからなければ評価しない**、ということです。大きな話は登場人物が多すぎてよくわからないのです。面接官としては「要はあなたは何をやってどのくらい役に立ったのか？」を知りたいのですが、学生時代がんばったことの多くは、学生の意図もあり、成果の大きさを求めるあまり、本人の貢献が見えづらいという構造的な欠陥をもたらすのです。

実は、このことは社内における評価制度では、当たり前のことなのです。日々の地味な仕事の連続が組織の成果につながることは、みなさんの常識です。意欲も含めて、「行動事実」で評価されることも当たり前です。個人の評価は、チーム全体の成果でされるわけではなく、その中で、どの部分を、どの程度貢献したのかが、ポイントになるわけです。そして、そのポイントは、とても地味な毎日の努力の連続なのです。

自己PRは挨拶代わり

「あなたの強みや課題などを含めて、自己PRしてください」

こんな質問をしているようでは、面接官は楽ですけれども、肝心なことはわかりません。話題の選定を相手に委ねてはいけないのです。ところが多くの初心者面接官が参加する新卒採用面接では、効率性を重んじ、充分なトレーニングもしないので、ある程度マニュアル化され、この質問はいわば「王道」となります。

相手の得意な話題を中心にすれば、面接の訓練もあまり必要なく、面接官も楽です。こうした面接で判断すると、採用で失敗しやすいのです。

多くの応募者と対応しなければならない1次面接では、こうした内容になっても仕方がないかもしれません。ただし、実質的な選考の場での面接では、こうした内容ではお粗末すぎます。

面接は、相手の資質や能力を見抜いて、入社後の再現性を予測するためのものです。

そういう意味から自己ＰＲや自己分析を本人に語らせるのは無意味であり、面接官の役割放棄といえるでしょう。これは、試験の答えがわからない生徒が、先生にその場で答えを求めるようなもので、どう考えてもおかしなことです。それができるのは、内心「こちらは採用してあげるのだ」という驕りがあるからではないでしょうか。いくら丁寧な物腰で聞いても、レベルの低さを露呈するとても恥ずかしい行為です。せいぜいウォーミングアップ代わりの挨拶として、聞き流すくらいがよいと思います。

では、**なぜ自己ＰＲはダメなのでしょう。それは会社に入ったら、評価は他人（ほとんどの場合は上司）がおこなうものであり、そこに自己ＰＲが入り込む余地はないから**です。あるのは、行動事実（実績）にもとづく自己評価であり、そのうえで上司などが最終判断をするのです。このような常識から考えても、自己ＰＲで評価することのリスクをご理解いただけると思います。

誤差は１割以内が目標

さて、それでは面接の成功率は、どのくらいを目標にすればよいのでしょうか？

これはとても難しいことです。なぜなら、人は変化もするし、成長もします。ある仕事や上司のもとでは上手くいかなかった人が、そうした環境を変えた途端に評価が高まるということもあります。そこが人材開発の醍醐《だいごみ》味なのですが、そうした変動要素に目をつぶって大雑把に捉えると、**「面接で90％見抜ける」ことが目標**だと私は考えます。

つまり失敗する可能性を10％に抑えようというわけです。これは私が永年面接に携わってきた直感なのですが、最後は「一緒に働いてみないとわからない」という祈るような部分も否定できないからです（ちなみに私自身は、ここ数年95％ほどの成功率で安定しています）。

そのために、当社でもいろんな形の面接官のトレーニングや育成・人選のご支援をしていますが、総合的な対策が必要です。いくつかのポイントを上げておきます。

まず第一に、**面接官が応募者を客観的な会社の採用基準に沿って、判断できるようになることです。**これは、自分の好き嫌いの基準を理解して、それに負けないようなメンタリティを持つことも含めてです。たとえば、顧客からお叱りを受けた直後の面接はとても冷え込むでしょうし、反対に、大型案件を受注した直後は、その勢いのまま気に入った相手と握手してしまうかもしれません。私の場合は、心の状態と自分の好き嫌いを手帳に書き込んでいます。そして面接の前に必ずそれを見て、自分を諫《いさ》めるようにしています。

次に、**採用すべき人材像とか採用基準をわかりやすく面接官同士で共有すること**です。同時に、なぜそういう基準なのかも伝えるべきです。

採用基準は、社内の評価基準に準拠していることがとても大事なポイントです。単に「明るくて元気な子」ではダメです。こういうのは「基準」とはいわず、「印象」でしかありません。

最後に**面接官の人選**です。資質や能力を判定するということは、少なくとも同じ視点の評価においては優位な人が面接官になるべきで、そうでないと評価結果の信憑性《しんぴょうせい》自体が疑われます。これは、評価というものの構造的な問題です。

同時に、実際の面接結果をその都度検証し、精度の低い面接官は外さなければいけません。ダメな上司が部下から不満が出て外されるのと同じ原理です。


さて、面接の精度を90％以上に高めるためには、いま申し上げたポイントに加えて、新しいタイプの面接、すなわち「雑談面接」のノウハウが必要です。次章では、いよいよその方法について種明かしをしていきますが、そこへつなげていくために本章のまとめとして、旧来の失敗する面接の典型例を三つにまとめてみることにします。

みなさんは、これらのワナにはまっていませんか？　どうぞチェックしてみてください。

①「お見合い面接」の危険性

面接は、お互いにスーツを着てネクタイを締めたお見合いの場になりがちです。お互いに、良いことだけを言い合って、良い面だけを見ようとする。向こうは入社したい。こっちは採用したい。つまり、空腹時に陥りやすいワナです。お見合い面接をしてしまうと、失敗する確率が高くなります。

儀式ばった面接では、お互いに気取り、化けようとします。面接する側も化けていて、いい人になろうとしたり、おもねったり、見せかけの親切をする。これではお互いにただ誤解に誤解を重ねるだけで、本質にはたどり着けません。当たり前のことですが、企業も本人も良いところもあれば、悪いところもある。それを両方ともに出していかないと、精度の高いマッチングはできません。

では、どうしたらよいのでしょうか。

マナーと笑顔は、最初と最後だけにしておくことです。そして、最初にこのようにいうといいでしょう。

「当社は、現時点であなたに大変興味を持っています。ですから、あなたのことを短い時間によりよく理解するためにかなり深く質問します。なかには失礼なことを聞いたり、いったりするかもしれませんが、意図はそういうことなので了解してくださいね」

あとは、真剣勝負ですから笑顔の必要はありません。また書類に目を落とすこともダメです。

お互いが時間を忘れるような、ほどよい緊張の時間を過ごしましょう。そして、終わったあと学生が「自分のことを理解しようとしてくれている」と感じてくれればよいのです。

そして、最後にはこういいましょう。

「いろいろなことに素直に答えてくれてありがとう。おかげであなたのことが随分理解できました。失礼な質問や発言があったら許してください。ありがとうございました」

最後は満面の笑顔と態度で送り出します。これでＯＫです。

②及び腰面接では解決しない

及び腰面接をしてしまう企業が増えているのは、ネットでの誹謗中傷《ひぼうちゅうしょう》を恐れているだけではなく、一方的に企業が学生を選ぶ時代は終わったため、過剰なまでに面接する側のマナーを良くしようとしているからでしょう。

つまり、表面的なマナーをとりあえず良くして、最低限嫌われないようにしているのです。そしてできれば学生から選ばれる企業でありたい、と願っているのです。

ですが、先述したように私が耳にした限りでは、ネットに面接などの悪口を書かれて、大変な被害を受けた、という例はあまり見当たりません。新卒採用は毎年のことですから、目立つ企業、叩かれやすい業界は、大概同じです。そうなると、何をどう変えても、いわれるときはいわれるものなのです。

根拠や客観性があって、なおかつ悪質な場合を除けば、ネットでの匿名の書き込みによる誹謗中傷は、学生たちにそれほど影響を与えてはいません。学生たちも、単なる悪口をいちいち取り合ってはいません。優秀な人ほど、そのあたりの判断力もあるものです。

また学生に人気のない企業、業種は、どうしてもおもねる姿勢が出やすく、ちょっとした批判にも過敏に反応してしまうようです。

多少腰を低くしたところで、実際の社内人事に問題があるなら、隠しても結構ばれてしまうものです。

そういう意味では、なるべく自然体でおこなう面接がよいでしょう。学生だって、本当のところを知りたいから訪問してくるわけです。無理をしたり隠したりしない、ということを勇気を持っておこないましょう。改善は元から取りかかればいいのです。ごまかしてもすぐに辞められてしまう時代に、小手先の面接改善は無意味といえます。

③グループ面接のワナ

効率性の観点からでしょうか、グループ面接でディスカッションをさせる手法をとっている企業が多いですが、私は基本的に反対です。それには、いくつかの理由があります。

まず第一に、個人面接ではなく、こうした方法を採る理由のほとんどが、コストをかけずに優秀な人材を絞り込みたい、と考えていることです。

実は、**多くの日本人学生は私たちと同様、複数の人と議論したり面接を受けたりするのがとても苦手です**。ですから、ここは学生の即興の対策がものをいい、上手く演出した学生が通りやすくなります。反対に、優秀でも、こういう場で演出できない学生が結構落ちたりするのです。データがまとまっていないので、正確なことはいえませんが、ここでのエラーは相当数にのぼるようです。このことは、わりと最初のプロセスでおこなわれるグループ面接の面接官が若手だったり、ディスカッションに不慣れな人が多かったりすることも原因の一つでしょう。こういう理由から、当社はもちろん、クライアントにも原則「やめるべきでしょう」と提案しています。

選考面接は、できるだけその人の「自然な状態」でおこなうべきです。そういう意味から も、つくられた集団でとても不自然なリーダシップやチームワークを演出させられて、学生も本音では困っているのではないでしょうか。

それでも、合理的な観点から進めるというのであれば、そういうテーマと形式でやることが、本当の評価につながるのか、また判断の限界はどこまでかなど、まずは社内の人たちで実験をすべきだと思います。同時に、参加者のモチベーションも調査すべきでしょう。

学生の立場で考えると、個人面接のほうがうれしいに決まっています。15分でもいいので、個人面接をやったほうがいいと私は思います。目的を明確にすれば、若手でも効果的な面接が可能だからです。

さあ、どんな面接が間違っているのかが、おわかりいただけたでしょう。これらの失敗例が「期待はずれ」の新入社員を生み出しているのです。

私は優秀な人材を見抜くために、「雑談面接」が必要だと思っています。次の章では具体的にこの面接の方法について考えてみましょう。

第5章　優秀な人材を見抜く〝雑談面接〟

社内の評価制度を使えば、良い採用基準がつくれる

自社に最適な人材を採用し、育成して、戦力化していくためには、入口での採用品質をレベルアップさせる必要があります。従来からの半ば慣習化した採用方法は早く止めて、新しい方法を導入すべきです。それが、「期待はずれ」の悲劇を予防するのです。

私は、採用選考の基本は、入社後の社内評価基準に準ずるべきだという考え方です。社内の評価基準を使って人材を見抜けば、合格した人は入社後〝期待どおりに〟活躍する確率もぐんと高まるはずです。ですから、クライアントの採用を最初からつくり上げる場合には、社内評価基準をしっかり勉強して、それに準じて構築していきます。

これがベストな方法ですが、一からつくることが大変な場合は、せめて面接の評価対象だけでも、同じようにすることをおすすめします。

それはつまり、**「過去の行動事実」のみを評価対象にする**、ということです。

これは社内評価制度ではごく当たり前のことですが、採用選考、とくに新卒採用の場合はほとんどおこなわれていません。大変不思議なことですが、どうしてでしょうか。

私の想像ですが、おそらく二つの理由があると思います。一つは、学生時代の行動事実から入社後の活躍を想定するのが難しいだろう、と考えていること。もう一つは、そうした行動事実から資質あるいはコンピテンシーを見抜くことが難しいと考えているからだと思います。

たしかに簡単なことではないのですが、これは訓練次第で可能です。過去の行動事実からその行動特性を見抜くには、一般的にコンピテンシーと呼ばれる発揮能力を使います。このコンピテンシーの定義と実際の行動特性を関連づけて面接をおこなうことにより、入社後いかに同じような行動特性が再現されるかがわかってきています。

日本では、コンピテンシーという言葉が一人歩きし、この面接方法が定着しているとはいいがたい状況です。訓練で使えるようになるといいましたが、その進め方は従来の面接とはかなり違うので、戸惑う人も多いようです。

この章では、コンピテンシーを使い、効率よく相手を見抜く方法論として、日本ではまだ馴染みの薄い「雑談面接」のやり方について考えていきたいと思います。

目からウロコの米国型面接

私が学んだＨＰは、米国カリフォルニア州の通称シリコンバレーと呼ばれるエリアにあります。そのエリアは、ＩＴエンジニアを中心に、世界の英知が集まる人材の宝庫といわれています。そこでは、プロジェクトを渡り歩く本当のプロフェッショナルが大勢おり、プロジェクトマネージャーの一番の仕事は、優秀なエンジニアをいかに採用するかであり、事実、その半分の時間は採用面接に費やされていました。

私は、何度もその面接に同席させていただきましたが、基本的には、「何をやっていたか？」「そのプロジェクトであなたの貢献は何か？」ということを淡々と聞いていく、という手法です。

応募者も、自分の考え方や意思を表明するというよりは、聞かれたことに淡々と答えていくのです。面接官がその回答に納得いかなければ、どんどん深く、シツコク聞いていきます。

面接官の頭の中に、過去の仕事ぶりがイメージできるまで、何度も何度も具体的に掘り下げていきます。そして、それがイメージできたところで、その時のコンピテンシーを診断するのです。

日本のように「志望動機」や「将来のキャリアパス」などの意向や意思について尋ねるのは、合否が決まったあとの面談のみでした。

つまり、過去の行動事実からのみ判断する、ということが徹底されているのです。応募者は事実を話すだけ、という単純な図式です。そして、会話の雰囲気もかしこまったり、よそ行きだったりすることなく、本当に社内ミーティングのように静かに進んでいきます。

私はある面接官に質問しました。「志望動機や将来のキャリアパスは評価の対象ではないのか？」。すると、彼は私にこう答えました。「樋口さんは、将来のキャリアパスで評価されているのですか？ そんなことはないでしょう。仕事の評価は実績、つまり行動事実だけです。採用面接だって同じことですよ。もちろん将来のキャリアを話し合う場は重要ですが、これは評価したあとにおこなうものです」。

これにはまさに目からウロコでした。

一方、**日本では、あらたまった席で、特別なことのように面接をおこなっています。お互いによそ行きのスタイルで、かみ合わない質疑を繰り返す。これでは本当の実力なんてわかるわけない**のです。

もう一つ日本での面接がイマイチなのは、そもそも私たち日本人はあらたまった会話が苦手である、ということがあるように思います。欧米は昔から、話し言葉によるコミュニケーションが発達しています。それに対して、日本は「あうん」の呼吸でわかり合う、というのが理想です。だからスムーズな会話が苦手で、形式的になりがちなのでしょう。だから、いわゆる「お見合い面接」が横行するのです。

面接でわかるのは好き嫌い

ベテラン面接官であっても、ほとんどが第一印象のマジックに勝てません。第一印象が良い場合、その時点で相手を優秀だと思い込み、その後の会話は、「良い評価を検証する」ことに終始するケースが多いのです。

まして経験が浅く、未熟な面接官は履歴書を読む段階で、すでに第一印象が刷り込まれてしまいます。新卒なら大学名・学部名・部活動など、中途なら前の会社名・役職などが大きな影響を与えます。これは、面接官の個人的な価値観が大きく影響します。実は、第一印象というのは、その面接官の好き嫌いである場合が多いのです。それをもっともらしくお化粧して、評価をしたように記録しているだけ、という面接が実は横行しているのです。

また、面接は負荷のかかる業務ですから、疲れてくると、どうしても第一印象に頼りがちで、しっかり最後まで会話をして見抜こうという意欲が保てません。逆に第一印象が悪いと、時計をチラチラ見ながら、「ダメである理由」を確認するための時間を過ごしてしまいます。

ベテラン面接官になると、自分なりに「人を見抜く力がある」と思いがちですが、大抵の場合、それは驕りです。面接経験の長い人ほど、こうした傾向が強いようです。または「第一印象が大事だ」と信じていたりもします。「俺の直感は正しい」という言い方をします。

こういう人は、感情的あるいは情緒的な人が多く、それだけに好き嫌いが激しいようです。第一印象というものの不思議な力は私も認めますが、それでも、実験をしてみると30％くらいは誤差が出てきます。

また、こうしたベテラン面接官からは、「新卒など入社さえすれば、あとでなんとでも叩き直せる」というような本音も見え隠れします。おそらく、毎年3月から4月にかけては、1日10名以上の面接をしなければならないケースが多いかもしれませんが、実際はほとんど第一印象面接でしょう。大量採用を繰り返す、ある有名企業の人事部長も、実際には「印象以上のものはわからない」と正直に話してくれました。

でも、ちょっと立ち止まって考えてみてください。

何度も重ねて申し上げますが、社内評価がそうであるように、評価の対象とはやはり実績、つまり事実の積み重ねです。学生時代の行動事実は、仕事ではないケースがほとんどですから、簡単に入社後の仕事と結びつけることはできないかもしれません。だからといって、見た目や印象、主張や意見で評価するのはあまりに乱暴ではないでしょうか。

あらためて、「**人の評価は、仕事の成果という、地味な事実の積み重ねがその対象である**」ということを思い出してください。

誰だって印象だけで評価されたのではたまりません。部下を印象で評価する上司は、面接官となっても学生を第一印象で判断します。こうした上司に、部下はきっと不満を持っているでしょうし、新たに採用された新入社員もまた上司の評価に納得できず、いずれ不満分子になっていくでしょう。良い人材を採用しても、これでは会社はよくなりません。

一方、**見抜き力のある面接官は、第一印象と戦う人です**。

好き嫌いは仕方がないですし、第一印象の影響は強烈なものです。しかし、面接終了まで応募者の評価を決めつけない。第一印象を否定し、良い人であれば「疑って」会話し、印象が悪い人には「今日は緊張しているのではないか？　普段はどうなのか？」という想いで、質問をしていくのです。これは、上司が部下を多面的に見て、慎重に評価しようとする姿と同じです。ですから、普段から部下の評価を事実ベースで客観的におこなっている上司なら、上手くできると思いますが、この見抜き力を発揮するには、相当のエネルギーと忍耐力が必要です。

それでは、ひとまず実際のコンピテンシー面接をご覧ください。

雑談面接の実際　佐々木さんのケース

最終面接で、コンピテンシーを確認するための場面を再現してみましょう。

佐々木さん（仮名）は地方大学生で、成績面の評価は高い人です。今回の応募者の中では上位にありますので、採用することを前提にコンピテンシーを確認していきます。

面接官　佐々木さんは、日本料理店でアルバイトをずいぶん長くやってたんですね？

佐々木　丸４年ほどやりました。

面接官　同じところで４年は珍しいよね。毎日ですか？

佐々木　週に３回くらいです。平均すると夕方の５時くらいから夜の11時くらいまでやっていました。

面接官　ずいぶん長い時間をアルバイトに費やしましたね、そもそも何のためにアルバイトをしていたのですか？

佐々木　お金のためというよりは、アルバイトそのものが楽しかったので続けられたと思っています。

面接官　そうですか、どういうことが楽しかったですか？

佐々木　一緒に働いているアルバイトの仲間や先輩の方々と一緒に働けるのが、何より楽しかったですね。

【解説】　同じアルバイトでも、いきなり「そこで学んだこと」などを聞かず、アルバイト先での日常を再現させていきます。

面接官 人と一緒に何かをすることが楽しかったということですか？

佐々木 そうですね。一緒に働いていた友だちや、お客さんとのコミュニケーションが、私にとってはとても勉強になりました。

面接官 お客さんとのコミュニケーションが勉強になるということを、もう少し説明してください。

佐々木 比較的格式の高い料理店だったので、レベルの高いビジネスマンの方々がお客さまとして使うケースがけっこう多かったのです。その中で私が対応したことによって商談の場が和んで、結果としてビジネスに貢献できたりしたことが実感できたような場合です。

面接官 それってすごいことだと思うんだけど、どうして商談に貢献できたっていうことがわかるのかしら。

佐々木 はい、おなじみのお客さまとは雑談もすることが多く、その中で「君のおかげで……」というようなお話をいただけたのです。

【解説】　コンピテンシーの中のコミュニケーションスキル、なかんずく相手を理解するチカラ（聴くチカラ）について探っていきます。これらの会話から、相手の質問への理解力と理解させる力（コミュニケーション力）を見ています。

面接官　非常におもしろい話なので、もうちょっと教えてほしいんですけれども、それは最初の頃からできたことですか。

佐々木　とんでもないです。

面接官　だんだんできるようになってきたのですね。誰かに教わったのですか。

佐々木　……とくに特定の誰かに教わった記憶はありません。

面接官　そうですか。普通のお客さんとビジネスマンの接待客は、その満足度にどんな違いがあるのでしょうか。

佐々木　私が強く感じていたのは、いわゆる普通のお客さまは、正確に、スピーディーに料理を出す、注文を聞いて料理をお出しすることで満足するのですが、私がめざしていたのはそういうレベルの接客ではなくて、ビジネスの接客に使うお客さまから頼まれる前に気づいて声をかけたりとか、動いたりということをするレベルなのです。その結果、感謝されることが何よりの喜びでした。

面接官 どうしてそのようなことに気をつけたのですか？　時給が上がるから？

佐々木 いえ（笑）、それが目的ではありません。長く働いていると、お客さんにどういう時に声をかけられるかというのが徐々にわかってくるようになったので、それでは先回りしてこちらから声をかけてみよう、と思いながら自分が動くことで、お客さんが喜んでくれるという経験が積み重なって、それが喜びややりがいになってきたのだと思います。

面接官 そういう意味で、誰か見本になる先輩とかはいたのですか？

佐々木 それはいました。すごい方でした。

面接官 なるほど。そういうことを誰にもとくに教わらずに、別に時給が上がるわけでもないのにやっていたというのは、どうしてだろうね？

佐々木 そうですね。やっぱり素直にお客さんが喜んでくれると私自身もうれしい、ということを見出したからだと思います

面接官　たとえばどんな言葉をお客さんにかけてもらったときに、やりがいを感じるの？

佐々木　「君のおかげで今日は楽しかったよ」という一言であったりとか、また、今度来たときもよろしくね、とかですね。地味な一言だと思いますが。

【解説】このくらい具体的に聞くことで、本人の志向やモチベーションの本質が見えてきます。佐々木さんの場合、〝顧客志向〟が大変高いレベルであることがわかります。

面接官　なるほど。4年間やっていって、お客さんを喜ばせる方法が、どんなふうに成長したかを教えてほしいのだけど、最初1年くらいでコツをつかんだの？　それとも毎年進化したの？

佐々木　最初は本当にお客さまの気持ちがわからずに、何もできませんでした。できる先輩の背中を見ておそらく2年目くらいに一気にコツをつかんで自信がついたようです。

面接官　何に気がついたんだろう、2年目は。ポンとブレークした感じ？

佐々木　そういうイメージではなくて、徐々にですね。２年目くらいから、アルバイトの中である程度仕事を任せていただけるようになったので、それにやりがいを感じて楽しめた、という部分もあるかもしれないですね。

面接官　なるほど。その前とどう役割が違うんですか。

佐々木　とくにアルバイトの教育係っていう役目があるわけではないんですけれども、新しいアルバイトの子が入ってきたときに、責任を持って一人前にしてください、ということを店長から指示されたことをキッカケにしました。

【解説】　佐々木さんは急成長するタイプではないかもしれませんが、確実に学んでいくタイプのようです。そして何よりも責任感が強いことがうかがえます。

面接官　その新人の教育係という仕事は、楽しかった？

佐々木　はい、大変なこともちろんありましたけど、すごく楽しかったんですね。新人が

面接官　仕事を覚えて喜ぶ顔を見るのが何よりもうれしかったです。ところで、佐々木さんのそういうところって誰に似ているの？　誰かを喜ばすのが好きというところですが。

佐々木　そうですね、母だと思います。

面接官　お母さん、失礼じゃなければどんなタイプのお母さんですか？

佐々木　母は私が小学生くらいのときからずっと専業主婦で、家族のために働いてくれたんです。私はその姿をいつも見てきました。

面接官　なるほど。じゃあ、お母さんも家族の喜ぶ顔のために、家事を一所懸命やってくれたのかな？　佐々木さんがお客さんに対して感じたものと、そこが似てるのかな。

佐々木　そうかもしれないですね。

【解説】　だいたいここまでで10分ほどでしょう。実際にはさらに一段、踏み込みます。この場合なら、お客さんとのやり取りを具体的に聞いていきます。どういうことをやると喜んだのか、どういうレベルの客か、どんな感じの人だったか。具体的に聞いて臨場感を出します。そしてそのときのイメージが湧くようになればOKです。今回はコミュニケーション能力、相手の気持ちを察する能力、継続性、向上心というコンピテンシーを見ていこうとしています。コミュニケーション能力の中では、プレゼン能力も必要でしょうが、相手の気持ちを察する力は、とくに付加価値が高いのです。

向上心についても、大それたことをやり遂げることより、毎日毎日、どのように上をめざしてやってきたか。少しでも良くなりたいと思ってやっているかどうかが、仕事にも反映される向上心だと思います。

両親の話を聞きましたが、変にやさしくされすぎたり、逆に突き放されたりしたのではなく、バランスよく愛情を受けて育ってきた人は、伸びる人が多いと思います。だから、できればプライベートな事柄ですが、家族のことも聞いてみたいのです。

30分の面接なら、話題は二つぐらいでいいでしょう。三つは広げすぎです。それよりも一段深く聞く。イメージが完全に頭の中で再現できるまで話してもらうことです。応募者がオーバーなことをいっていたり、事実とかなり異なる場合はイメージは湧きません。いくら聞いてもイメージがつかめないなら、話が大げさなのか、それとも説明が下手なのか、はたまたウソなのかのどれかでしょう。

【佐々木さんの感想】

素直な自分をそのまま出せた、わかりやすい面接でした。この会社への入社意欲は元々高かったのですが、無理をしたり、心にもないことをいわなければならなかったりする場面はありませんでした。面接官の方には、自分の実際の行動を細かく聞いてもらって、現時点での自分のチカラを見てもらったように感じます。

私たち学生は、面接官の聴く姿勢、聴いているときの態度などをけっこう気にします。学生側も面接官を見て感じるものがあるものですから。今回はとくに、最後に自分へのフィードバックをいただくことができました。とてもよく見ているなあ、専門性が高いなあとさらに入社意欲が高まりました。

面接前に「心のスイッチ」を切り替える

雑談面接の実際をご覧いただきましたが、いかがでしたでしょうか？

この事例で私がチェックしていたのは向上心です。そこを面接で見抜きたいのです。もちろん、どの企業も「やる気のある人を求めています」とはいいますが、面接でそれをどう見抜くかは、なかなかできていないようです。

むしろそういう学生は、向上心の低い面接官から「生意気だ」と判断されて落とされてしまうことが多いと聞きます。

わからないではありません。「20歳そこそこの学生が、何を生意気な、青臭いことをいって」と思うことだってあるでしょう。これは、先ほどいったように面接官が「採ってやる」と内心思い、驕っているからです。ですから、こういう気持ちを飲み込まなければいけません。そうしないと失敗します。「彼女は生意気だから嫌いだ」と決めてかかっては、評価を誤るのです。

そこから脱出するには、面接がはじまる前に「心のスイッチ」を切り替えることです。「これから見極める向上心というコンピテンシーの定義は××で、なぜそれが必要なのか」と**冷静に客観的に理解する**、**そういうモードに切り替えるのです**。ロジカルモードといってもいいでしょう。自分の好き嫌いを超えて、相手の中にある向上心を淡々と見るようにするのです。

これは訓練というよりも、驕りをなくして心の平衡を保つ訓練を積めば、わりと簡単にできるでしょう。ただし、経験上、好き嫌いの激しい人、感情をコントロールできない人、弱者を見下す人には難しいと思います。

たとえば、私は社長という立場なので、私が「採用だ」と決めたら誰も逆らわない。でも、そんなやり方をしていたら、会社は成長しません。私にも好き嫌いがあり、それは必ずしも「採用すべき人材」と同じわけではないのです。ですから私の好き嫌いがルールになれば、自分の好きな人間だけが集まってしまい、それが会社の成長の阻害要因となってしまうこともあるはずです。

本当はあまり好みじゃなくても、こういう人が必要だ、という人材も採用しなければなりません。結局のところ、会社を伸ばしたいと真剣に思えば、好き嫌いから脱皮する、つまりは、驕りから抜け出す必要があるのです。

面接官であるとか、最終的な決定権者がこうした驕りから抜け出せていないと、企業の成長に足かせとなるでしょう。たまたま自分たちの好みが、会社に必要な人材と合っていればいいですが、めったにそんなことはないはずです。**どういう人材が必要なのかを突き詰めて、好き嫌いのような余計なことは外して選んでいかないと、会社を成長させる「良い採用」はできないのです。**

面接官の力量が試される

「志望動機や自己PRをしてください」といった質問は、日本ではかなり昔から典型例になっています。面接官の力量があまりないので、評価基準の答えをそのまま聞いているようなもので、茶番劇です。

「なぜ当社を受けるのですか?」とか、「あなたの将来のキャリアビジョンは何ですか」とか、「それに向かってあなたのいまの課題は何ですか」とか、「強みと弱みは何ですか」など。面接官も自分が質問されたら困るような質問を恥ずかしげもなく、平気で質問して、学生も疑問を感じず答えている。実に奇妙です。学生の答えには、たいてい「はい、そうですか」と流して終わりか、よくても「なぜそう思うのですか? 先ほどの考えと違うようですが」と意見、意思の確認ばかりを追いかけます。これは、〝面談ごっこ〟にすぎず、質問の深掘りではありません。

入社動機や自己PRは、評価の対象ではありません。せいぜい最初の自己紹介の一つとして軽く聞き流すべき内容です。なぜならば、このような「考え方」や「意思」は、本当のことかどうかわかりませんし、入社意欲が高ければむしろウソが入り込む可能性が高いからです。

繰り返し強調しているように、「何をやってきたか？」に話題を集中すべきです。実際にやってきた行動事実にのみ、本人の志向や意思や本音が隠されているからです。入社動機や自己ＰＲからわかるのは、面接官の個人的見解と好き嫌いです。採用基準としては非常に危険なテーマであろうと思います。

「あなたのキャリアビジョンは？」なんて、面接官自身よくわからないことを質問して、答えさせても得られるものはありません。むしろ「**あなたが何をしてきた人なのかを知りたい」という態度が大事**です。そこから判断し、推測するのが、面接官の力量となるのです。

学生に限らず、私たちを含めたほとんどのビジネスマンは自分の将来像を明確に持っているわけではありません。むしろいまの仕事にやりがいを感じ、その延長線上に将来がなんとなく見えているというのが正直なところではないでしょうか。ですから、こんな質問を学生にするのは、意地悪以外の何物でもありません。第２章でも触れたように、キャリアビジョンは若者たちの流行の一種にすぎませんし、少なくとも、採用選考で重要視するポイントではありません。むしろ「なぜ当社に興味を持っているのか？」という志望動機から、本人の志向やモチベーションを類推するにとどめることがよいでしょう。

お互い素になる

もちろん1次面接や2次面接は、経験や力量のともなわない若い面接官が担当することも多いでしょうから、私のいうようなお見合い面接などになってしまう可能性は高いと思いますが、それはそれで仕方がない面もあります。

私が強調したいのは、最終面接とか実質的な重要な選考をする場面では、それでは意味をなさず、**お互い素になって話をするような濃い面接にすべき**だということです。なぜならば、彼らが会社の仲間になったら、毎日、本音のつきあいがはじまります。嫌なこともあるでしょうし、育てるために叱ったり泣かせたりすることもあるかもしれません。そういう関係性をはじめようという判断の場で、よそ行きの儀式のようなお見合い面接ばかりをしているとしたら、とても危険です。

だから、とくに最終面接を特別な儀式として扱ってはいけません。お見合い面接はやめて、ぜひ雑談面接にしてください。雑談面接とは、社内の部下と上司がフランクに話し合う場面、そんなイメージで進める面接です。お見合い面接では形式的な質疑になりがちで、言葉のキャッチボールとしてもつまらない。雑談面接の基本は、話し合うテーマや進め方に縛られずに、個人と個人が相手に強い好奇心と尊敬を持って「お互いを紹介しあう行為」です。

みなさんは、好きな上司、尊敬する先輩、ファンと呼べる専門家などがいたら、彼らには好奇心いっぱいにいろいろ聞きたいと思います。たとえば「若い頃はどういう勉強をしていたのか？」「どういう挫折があって、そこから何を学んだのか？」「成功のキッカケは？」「なぜリスクを取ったの？」などです。相手が好きになる。だから相手のことを知りたくて仕方ない。だから聞く。聞いているうちに、もっと深く知りたくてさらに聞く。聞いているうちに、相手の話のイメージがわく。こんな循環です。

また、面接官向けのトレーニングでは、異性の例で恐縮ですが、こんな話もします。

誰でも、思春期に異性への関心が出てくると、相手のことを知りたくなります。だから、いろいろ質問したくなる。「こういうこと、聞いていいかな」と思いつつ、でも聞けない。なんとか聞きたい――それが、雑談面接の基本です。

採用面接は、相手への興味・関心を持って雑談すること。これが、基本のスタイルです。

日本の伝統的な面接は、そういう意味では間違った道を進んでしまったようです。

とくに**新卒採用面接は**、**間違いだらけ**です。

大学ブランドと筆記試験、面接の印象でだいたいのマッチングが図れた時代は、これでもよかったと思います。ですが、いまではご存知の通り、きちんとマッチングをしないと、双方にとって良い選択ができません。「入ってしまえばなんとかなる」「入れてしまえばどうとでもなる」といった、双方が適当だった時代にしか通用しないお見合い面接は、そろそろ卒業すべきでしょう。

お互いが冷静に話し合う場づくりを

雑談面接では、相手の意見や希望ばかり聞いても、どうにもなりません。話題のテーマは「いままで生きてきた人生の過ごし方」を語ってもらうことです。人生といっても生い立ちの話ではなく、大人への入口である大学生活以降が中心になります。学生時代の行動事実とその背景にある考え方、つまり行動特性を理解するのが目的です。

テーマもできるだけ、日常生活に近いものを選びます。「学生時代の華々しい成果」には興味がありません。だって、仕事にそんな華やかなことはめったにありませんから。それよりも毎日の地味な生活に、その人の本質が隠されているのです。

面接官は感情的になって、自分の意見を述べる場にしてはいけません。それでは、高圧的なお見合いのようなものです。ひどい人は説教をはじめます。面接で説教する人は普段から驕りのある人で、若手や部下をバカにする傾向があります。

「そんな甘いことじゃ、どこの会社でも務まらないよ」「君みたいないい加減な学生がいるから、困るんだ」。こういう人はたいてい自分の若い頃も同じようだったはずなのですが、すっかり忘れてしまったようです。自分がスッキリしたい、生意気な相手を説き伏せたいために説教してしまう気持ちはわからなくもないですが、こうした自己統制力のない人を面接官に選んではいけません。なぜならば、学生の入社意欲を著しく落とし、選考活動の邪魔になるからです。業種にもよりますが、「そういうタイプの面接官ばかりでした」ということも学生たちからよく耳にします。これでは、その会社や業界へのイメージは悪くなる一方です。

すべて変化球で質問する

それから、直接的な質問もしてはダメです。「志望動機は？」「なんでうちに来るの？」といったストレートな質問は原則禁止です。もう少し正確にいうと、社内の部下に対してできない質問をしてはダメ、ということです。

私たち日本人は、どちらかというと直球によるキャッチボールより、変化球の会話からお互いを察して、傷つけず、人間関係を壊さない工夫をしてきました。新卒の採用面接でもそれは同じです。志望動機を知りたいのであれば、別の質問から面接官が類推すべきです。「なぜ当社へ?」という質問の答えは、内容はともかく前日に会社案内やホームページから研究した味気のないものになりがちです。

こういう無意味な会話をすべきではない、というのが私の意見です。

ただ、ずっと志望動機を聞くことについて、苦言を呈してきましたが、もちろん、志望動機そのものは採用判断のなかでとても大事な要素です。でも、面接なのです。それを直接聞くのではなく、雑談の中から、相手がこれまでやってきた事実の中から、面接官の側が推察しなくてはならないのです。

面接官は、相手が本気かどうかを推察してください。直接聞いて「はい、やる気があります」と答えたとして、それで判断してどうするのでしょうか。

会話では、採用面接に限らず、**直接的に聞く質問はダメな質問です**。**すべて変化球で聞き出すことです**。そして、その答えから面接官が判断するのです。

場合によっては直接、志望動機を聞くのもいいかもしれません。相手が考えてきたことを話させて、普通に会話をするのもいいことでしょう。やってはいけない理由はありません。

ただお互いに「どうしても入りたい」とか「なんとしてでも採用したい」と、冷静ではない状況にあるときに、志望動機を聞くとただのＰＲになってしまい、本質が見えないのです。どういう観点でこの企業で働こうとしているのかは、大事な要素です。でもその前に、肝心要の本人の資質が見抜けないのでは、採用の可否を判断できません。

生活習慣から本質が見える

前述したように、学生時代のもっとも輝かしいエピソードは、面接では聞く必要のないことです。なぜなら、**日々の仕事は地味なことの繰り返し**だからです。映画にでもなりそうな華やかな話を聞かされても、それでその人を判断することはできません。面接用のストーリーではないかというようなケースもままあります。

学生なら、学校でのことが日常の大半でしょうから、学校の成績を見て、「ちゃんと授業出てたの？」とか、「何時頃起きてたの？」「自分で起きてたの？」「ご飯は？」といった質問をします。時間の使い方、守り方、他人との協働の仕方、配慮の方法、感謝の気持ちなどは、日常の地味な活動にこそとてもよく表れます。生活習慣というものは、その人の本質をかなり見せてくれるものなのです。

「なんでそんなにマジメなの？　何が楽しいの？」といった質問をして、学生が用意してきた得意の話はさせないようにします。大事なことは日常の会話を自然にさせること。緊張する相手に、採用試験向けの特別な話をさせずに、本当の姿で語らせることです。そういう雰囲気づくりがとても大事です。学生が「あっ、本当に素になっていいんだ！」と早く思えるようにしてあげてください。

私が自社でやる場合は、社長面接ですから、最初に、「そういう用意した話を聞く面接は無意味だと思っているし、無意味な面接をして判断できない場合には落とします」と説明します。

「面接で当たり前のことを質問することは無駄だと思っているので、お互いに素で話をしたい。普段のあなたを知りたい。特別なカッコいい話は一切いりません。プライベートなことも聞くかもしれないけど、私もどんな質問にも答えるようにするので、お互いフェアにやりましょう。あなたも普段の私と話をして、当社を判断してください」

社長面接だからでしょうか。みなさん、とても素直につきあってくれます。特別な場から日常に戻して、いろいろ聞いていくと、学生言葉に戻ってしまう学生もいれば、きちんと自分の言葉で話せる人もいますから、そのあたりを見抜くのです。

また、会話のテンポについていえば、**頭のいい人ほど、会話の間を恐れません**。だから質問の答えに間があくことが多いのです。逆に反射的にポンポン返す人は、あまり考えない軽い人が多いと思います。間があくのは、こちらの言葉を受け取って、考えて返すのだから、当然といえば当然です。

物事がわかっているかどうか、どこまで考えているか。会話の中で試すことができます。論理的に話せるのか、伝えることができるのか。そうした会話を通じて、本当のコミュニケーション能力を見抜きます。

親のしつけは重要な判断ポイント

応募者は入念に準備をしてきています。志望動機・実績・経験・自分の強みぐらいは、普通に語れるはずです。

ですから、面接官としては、相手が練習してきた話はさせないことです。目安としては、「どこの会社でも話しているな」という話はさせないことです。

面接官側のペースで会話をすることがポイントです。

そして雑談面接に持っていくのです。

お互いに素になるという前提の中でなら、**あえてプライベートな質問をしてみるのも手です**。プライバシーに関わる質問は一般的にタブーだといわれますが、その理由をきちんと説明して、納得したうえで、相手が不快にならなければ問題ありません。

私は最近、親のしつけに注目しています。学校の勉強の強要や、親の見栄のためのしつけではなく、基本的な親の責務としてのしつけは、本人の人間形成にきわめて大きな影響を与えることがわかってきました。それはいわば、どこまで成長するかのバランスの良さを計るバロメーターです。入社後2～3年で伸びるかどうか、という際どいときに、しっかりとしたしつけをされた人たちは順調に成長し、ダメになる人や心の弱さを露呈する人はしつけに問題があることがわかってきました。

同時にこのことは、企業の育成コストに直接的に反映されます。上司が苦労するか、研修コストとして負担するか、いろいろなケースがあるでしょう。親のしつけとは、親そのものの価値観のＤＮＡの移植であり、そこから、学生の本質と将来にわたる可能性がとてもよく見えるのです。

資質の高さを親のしつけで検証する　北島君のケース

では、もう一つ、面接事例を見てみましょう。

私の場合、新卒の面接では、話題として就職活動を聞くことが基本になっています。まさに日常であり、いま真っ只中ですから誰もがそれなりに話せるからです。

北島君（仮名）は、都内の私立大学生で、ここまでの面接でも応募者の中で高い評価がついています。

面接官　北島君、よろしくお願いします。就職活動の話を聞きたいのですが、いま現在いろんな会社を回っている中で、いくつかの会社から内定が出たとします。その中で入社する会社を決める場面を想定して「これだけは譲れない」点を教えてくれますか。何を基準に会社を選びますか。優先順位の高い順番で三つほど挙げてください。

北　島　……（間があく）そうですね。やはり自己裁量権の高さでしょうか。あまり管理されるのが好きではないので、ＮＯといえるような環境だといいな、と思います。もちろん仕事ですから、必ずしも断れないとは思いますし、嫌な仕事もやるべきでしょう。大事なことは自分の意見を若いうちから聞いてもらえるかどうか、ということです。たぶん自分なりの納得感を大事にしたいのだと思います。そういう度量のある会社がいいなあ、と漠然と思っています。それが一番自分にとって大事なところと思います。

面接官 なるほど。非常におもしろい話なので、もうちょっと深く教えてください。それができない環境で働くとどうなってしまうのですか?

北　島 自分自身、あまりまわりの人に対してどんどん自分からアプローチをかけていくほうでもないのです。……ですから、強制的に入ったクラスのようなところでは、最初は自分の居場所を探すために息を潜めていることが多いかもしれないです。この状態が長く続くと、モチベーションが保てないかもしれないですね。

面接官 なるほど。自己裁量権って難しい言い方をしたけど、そういうふうにはっきりと断言できるということは、学生時代も自己裁量権を発揮できる環境だったの?

北　島 そうですね。自分はラグビー部に属していましたから、やはり価値観が違う人間がいたので、むしろ自分を出しやすくて、練習方法などの提案や、話し合いの場をつくるなど、積極的な発案ができていたのです。

面接官 なるほど。いろんな価値観のメンバーがいることを楽しめたのだね?

北　島　はい。むしろ画一的な中にいるのが苦手で、同じような考え方の中の一人というのはつまらなくて、むしろ価値観の坩堝《るつぼ》のような状態のほうが楽しめるかもしれません。おそらく私自身、自分のアイデンティティにこだわるほうかもしれません。

面接官　なるほど。ところで大学を受験するときも、そういう考え方というのはありましたか？

北　島　はい、そうですね。地方の進学校ですから、どうしても先生や周りの期待は東大ですとか、早稲田、慶應というところになりますが、そこに行ったときに、自分が埋もれてしまうのではないかと心配になりました。そこで探したのがいまの学校で、ここは海外からの留学生も多く、さまざまなバックグラウンドを持った人が集まっている学校なので、ここでなら、視野を広げられるんじゃないか、と思って受験しました。

面接官　少し、ご家族とか家庭の話も聞きたいのですが、いいでしょうか。北島君は、誰の影響を受けて育ってきたの？

北　島　やはり価値観とか生き方の面でいえば、父だと思います。

面接官　ほう、そうですか。さしつかえなければ、お父さんはどういう人ですか？

北　島　公務員ですが、それでもあまり公務員っぽくないのです。自分を持っているというか、責任感の強い人だと私自身は感じています。父は人見知りで、誰とでも仲良くなれるタイプではないと思いますが、ここぞというときは自分から責任を取りにいく潔さがあるのです。具体的には、こんなことがありました……

（中略）

面接官　そうですか、お話を聞いていると、まさに九州男児という感じですね。それではその寡黙《かもく》なお父さまから、何を教わりましたか？

北　島　勉強をしろ、というようなことをいわれた覚えはありません。うるさくいわれたのは、食べ物のことと読む本についてです。

面接官　ほう、食事と本ですか？

北　島　食事は、豪華なものということではなく、新鮮で身体に良いものを食べるものだ、というように小さい頃からいわれ続けました。そういうわけで私はいまでも、コンビニ弁当のようなものはあまり口にせず、多少遠くても新鮮で身体に良いものを食べに行きます。
本は、家にあったものがそもそも純文学であったり、哲学に近い小説であったりと小学校の頃からそういうものを読み漁りました。

面接官　お父さまは、体の栄養と心の栄養にこだわる方なのですねえ。

北　島　なるほど、そういわれてみるとそうかもしれないですね。父はそういう基本を大事にしていますから。

彼の場合は、ここまでの選考結果や試験の成績も相対的に高かったので、その背景にあるＤＮＡを、尊敬するご家族の話題から検証していきました。話を聞きながら、彼の父親がイメージできるかどうか。就職活動を聞くのがメインとしても、一貫性を捉える意味で大学の受験や、原点としての家族に触れて、ブレていないか、を検証していきます。とくにしつけについては、お話ししたようにその人の基本的な価値観に触れますので、かなり本質的なところが見えてきます。もちろんここまで深く入り、相手を客観的に理解するには、相当の訓練と、そもそも面接官自身が応募者を上回る能力、資質を身につけていないとできません。

また、当然、相手の学生に胸襟《きょうきん》を開かせるような人間性も必要でしょう。

北島君はこのあと「一個の質問をどんどん掘り下げていくという形は、こちらの本心がつい出てきます。面接官の判断基準も明らかになってくる気がします」と感想を述べています。

「質問を多くして、いろんな質問をしたらわかるというよりも、突き詰めていったほうが、こちらの芯《しん》の部分が見てもらえるのかな、という感じがしました」とのことです。

なお、私は雑談面接では書類を見ません。メモも取りません。そのくらい集中し、相手の話を聞きます。実際には、タイムマシンに乗って相手の過去にワープした状態で会話をしているような心理状態です。これ以上ない最高度の集中状態にあります。同時に、適性試験の結果や履歴は、頭に入れておきます。とくに適性試験の結果は、きちんと暗記しておきます。面接開始前の15分は予定を入れず、しっかり準備をおこなうのです。

雑談のような面接だから生まれる納得性

雑談面接は、リアルに聞いていきます。だから会話が自然でないといけません。いわゆる質疑応答的な面接ではないのです。

個人的に、相手のことを知りたい、と思ったときと同じような会話です。そこで大切なのは「もっともっと知りたい」という好奇心。だから上から目線などもなく、紋切り型の質疑でもなく、媚《こ》びる必要もありません。

事務的なやり取り、テクニカルな話で終始する面接ではダメなのです。

好奇心を持った面接なら、自然な形の会話になるでしょう。

この方法は何度か経験を積んでいくと、さほど難しいものではありませんが、基本的に優秀な面接官でないと難しいです。それは、優秀な相手がそういう人でないと胸襟を開かないからです。そういう意味では高度な方法かもしれません。また、同時に人が好きであること、集中力があることなども条件になるでしょう。

「ポンポン球を投げられて、こっちは素直に思ったことを打ち返すだけだったので、さらに面接官の方から、自分がいったことを咀嚼《そしやく》していただいて、それを返してもらえると、納得性がすごく高いですね。同時に面接官のレベルの高さに驚きました」と雑談面接を経験したある学生の感想です。応募者が満足してくれると、会社のイメージも高まります。知的で優秀な学生は「ぜひ、入りたい」とモチベーションが高まります。

「面接の準備は万全だとしても、どう答えるかはその場で考えることになります。『ちょっと考えさせてください』と、自然にいえるような面接だと、ストレスがなくて素直に自分の言葉で話せました」といってくれた学生もいました。

お互いに知ろうとするための会話、雑談面接は、双方に納得性が高いものになります。

高圧的なお見合いではなく、応募者を一人ひとりの人間として接する。丁寧に対等のレベ

ルで対応することで、信頼感も生まれます。

こうして、企業側は応募者の評価をし、応募者は企業を評価します。現時点では、ほとんどの企業がお見合い面接レベルなので、こうした高度な面接手法は優秀な学生の入社意欲を引き上げますし、何よりも当社のような無名企業の噂は、優秀な学生同士のコミュニティを通じて、あっという間に広がっていきます。

その証拠に、当社では就職活動終盤になって、すでに内定をもらいながらも納得していない優秀な学生がふたたび集まり、高いレベルでのマッチングを経て採用に至ります。

中途採用の面接も原理は同じ

中途採用の雑談面接でも、同様に、平均的な毎日の仕事ぶりを聞くことが有効で、理由は新卒の場合と同じです。日常の仕事は、大きな話題になるようなものはめったにないですし、細かくもありますが、応募者の能力や資質に関して情報満載なのです。

入社後に職場に来たら、見られる行動特性のヒントがそこにあります。応募者が話したがるような、大きなプロジェクト成功や大型受注のような話は、ラッキーが重なったり、人に恵まれたり、自分だけの力ではないことが多いはずです。だから、そういう話題で面接すると実力以上の評価になりがちです。

淡々とやっている毎日、毎週、毎月の単位で繰り返し、実行している行動／言動を引き出してください。どういう考え方、価値観で仕事をしているのか。上司はどういう人で、その人とはどんな人間関係を築いてきたのか。自己主張しながら良い関係を保っているのか。それとも一歩引きながらやっているのか。

こうした内容は、どの会社でも、どんな仕事にも共通している面があります。毎日の仕事ぶりをイメージできるまで、応募者の事実だけを聞いていくことで、応募者が当社に来たら、どういうふうに仕事をするか、そのイメージも見えてくるのです。

コンピテンシー、つまり資質や能力、人間性という行動特性の背景にあるものを評価して、その再現を期待できるかどうかを面接で検証するわけです。どの程度の発揮行動から、入社後どういうことが再現されそうか。それが当社の事業にとって、どれほど効果的か魅力的か。そこが大切なのです。

理念と仕事、目標と日々どう向き合っていくのか。雑談面接では「この人はうちに来たらこのくらいやりそうだな」とか、「決められたことをまじめにやりそうだ」とか、「普段の仕事はさぼるけど、たまにでかい仕事をやりそうだ」とか、イメージが湧くまで話を聞き出してください。

そのイメージを会社の中に転換して、「いけるかな」とか、「ちょっと合わなさそうだな」と判断するのです。

事実で評価しよう

以上、「雑談面接」のポイントについて説明してきました。私は何も難しいことをいっているのではありません。人を見抜く、客観的に評価するなら、印象で決めるのではなく、事実で決めよう、というだけのことです。

社内でも、「あいつは印象がいいから、ボーナスをアップさせよう」なんてやり方は通用しないですよね。「これだけの実績を上げたから、ボーナスを少し余計に出そうか」みたいになるはずです。

採用のときだって同じです。応募者がどういうことをしてきたか。その事実で評価してあげるのです。

同じように企業人（とその予備軍）を評価しているのに、採用面接だけが、いきなり根底から変わってしまうなんて、よく考えたらおかしくありませんか。

「でも、結局は一緒に仕事をしていないから、わかりませんよ」という人もいます。それはその通りです。ですが、その精度を上げることこそが、面接官や人事部の仕事そのものだと思います。

おそらく「面接とはこういうもの」といった先入観があって、それが邪魔して面接が形式的になりがちなのです。まだ形成されていない志望動機の作文や、練習してきた自己ＰＲから本人をつかもうとしても、どだいムリでしょう。

「あなたは何をやってきたのか。なぜそういう行動を取ったのか」と聞けばいいのに、あえてそうしない。人を評価するための本質に気がついていないのです。

「いままでのやり方で、いいじゃないか。どうしてあえて変えるんだ」という人もいます。もちろん、そのほうが楽でしょう。学生側が低姿勢で、一所懸命に用意してきたことを語る。それを適当に聞いて、「ま、Ｂ＋かな」と評価する。これは楽ですから。

最後の最後まできちんと判断しようと思ったら、面接はとても疲れます。１日に４〜５人も面接をすれば、充分です。それ以上は、まともな面接なんてできません。だから、面接官のマナーを向上させ、面接の形式などで工夫している企業も多いのですが、表面的なところだけで、肝心の中身が変わらなければ意味がありません。

さて、次章は育成について考えていきますが、その前に面接の後、学生に内定を与えた後の課題について簡単に補足して、本章を締めくくることにします。

口説きには情報と演出が重要

内定を出しても、すべての学生がすぐに入社の意思表示をするわけではありません。そこで、内定者を入社させるべく、「口説く」という行為が必要になります。

この口説くという任務をおこなうのはトップまたは人事部長レベルの仕事でしょう。単純に口説いてもムダです。バブル時代のような、接待して飲ませる、食わせる、というのもあまり役に立ちません。札びらでほっぺたを引っぱたくようなことは、ほとんど効かなくなりました。

口説くというと、何か相手を騙すとか落とすというイメージがありますが、そういうことではありません。**口説くとは、相手のキャリア目線や企業選択のキーワードと自社の強みをきちんと伝えて、そのメリットから相手の入社動機を向上させること**です。ここで本人の価値観が大事になってきます。

こんなふうになりたい、こんな能力を身につけたいということでもいいですし、モチベーションとか希望でもいいでしょう。こんな社会人になりたいという目標があった場合、会社の器、当社の仕事の経験から、どれだけのものが学べ、そこに近づけそうか。それが学生のモチベーションになっていきます。

仕事の意義が理解できて、仕事をとことんやることによって、キャリア目標に近づけるとわかれば、やる気も出ます。それこそ時間を忘れて働くでしょう。ところが、この会社で働いても3年後にどうなるのかわからない、やりたかったこととぜんぜん違う、と思えばモチベーションは下がります。

そこで、**口説く面接の前には、情報が重要**になります。本人は将来に対して何を求めているか、そのために、どういう仕事、どういう会社を求めているのか。こういうことをしっかり情報としてまとめておく。

それが整理されていれば、「あなたが当社に来れば、こうした仕事を通じて、このような能力が身について、○年後にはこのような職業人になれるよ」と伝えられるのです。

「当社は、○○という能力の高い人たちばかりだから、こういう環境で仕事ができるよ」とか、「仕事で身につくスキルはこうだよ」といったように、本人が一番大事にしているものにぶつけます。

あるクライアントでは、若くて優秀でルックスの良い女性スタッフをリクルーターとしてアサインしました。そして、彼女たちに面接に集まった学生たちへの説明をしてもらったのです。「今日の面接官はこういう人です。この会社はこんなことを大事にしています。だから、こういう質問が多いですよ」といったアドバイスを、2~3人単位ぐらいでやってもらう。

わざわざ面接会場まで、彼女たちがエスコートします。その間に「どう、緊張している?」とか、「ほかにはどんなところを受けているの?」と持ちかけてみる。やさしいきれいなお姉さんに弱い学生が多いですから、気軽な場で、充分な情報が引き出せたそうです。

つまり、最終の口説きに向けた情報収集を彼女たちにやらせたわけです。相談窓口もやってもらう。すると、学生は、採用担当者には話さないことを、どんどん話してくれる。

面接が終わったら、彼女たちは合格者については10分ほどさらに面談して、感想を聞いたりアドバイスをしたりする。そして、玄関まで見送ります。当然、次の面接までのコミュニケーションもおこないます。学生と彼女たちが会う場所も役員応接室を使うなど、演出をします。

いろいろな方法があると思いますが、内定時の口説きは情報戦です。そこまでのプロセスで、どの程度、本人の情報が引き出せているかということに加え、口説き担当者の力量で勝負が決まるでしょう。

それでも起こる内定辞退

内定の断り方でも、ずいぶん学生によって差が出てきています。

本来、「どういう企業に行くのか」を、応募段階から考えて就職活動していれば、結果として第一希望に受かると、第二希望以下は内定を得ても辞退することになります。つまり「申し訳ありませんが、私としては第一希望へ行きます」といえば済む話です。

「自分の価値観に合ったところに受かりましたので、こちらを選びたいと思います」といわれたら、これはもう仕方がありません。

ギリギリになって断ってくる迷惑な人もいます。私自身は決断の遅い学生をあまり評価しないので、内定から決定までの期間を不必要に長く取らないようにしていますが、採用力のない企業はある程度の猶予を与えていることでしょう。こうした企業は、いったい何人の学生が入社してくれるかがわからず、本当に困っているようです。

学生も、企業選択に対して、自分の価値基準が曖昧なので、なかなか決められません。企業ブランドか、高待遇か、魅力的な先輩がいるからとか、理由はいろいろでしょう。いままで大きな選択をしてこなかった学生にとって、とくに「学生優位」と伝えられたこの2〜3年は、最後に1社を選ぶというのは本当に大変なことのようです。

内定辞退者対策は説明会の企画から

内定辞退者を減らす取り組みをマジメに考えると、**会社説明会から内定フォローがはじまるのだ**、という意識を持たなくてはなりません。説明会の段階で学生の価値観とマッチングをさせ、面接で精度を上げていくこと。これがごくごくマジメに考えた内定フォローです。

説明会から一貫して、同じメッセージを発信し続け、内定時には相手がきちんと決断できるようにすることが基本です。内定フォローの一番まずいところは、「はい、あなたは内定しました」と告げて、そこから口説きに入ることです。この段階の口説きは、おおかた失敗します。とたんに手の平を返し、学生が強気になります。企業と学生の立場が逆転し、企業側は媚びるような態度になりがちです。こうしたやり方はフェアではなく、あまり良い方法だとは思いません。

一時は親を呼ぶのがブームでしたが、親を呼び寄せるのは、費用がかかるわりにあまり効果がないとわかってきたので、実施する企業は減っています。

内定辞退を減らす方法としては、社内の大学ＯＢや優秀な先輩に会わせること。またはリクルーティング・メンターをつけるのも効果的です。２次面接に合格した人に、先輩社員を担当者・相談係として個別サポートするのです。内定後もずっと一貫してつきあってくれるので、会社の人間であっても比較的、客観性もあるお兄さん、お姉さん的な存在です。

この方式を採ると、面接とは別のアセスメント、つまり人物評価ができるメリットもあります。本音が出やすく、より理解が深まります。だから内定受諾率も高いのです。

第6章　かまってあげる育成

親のしつけ不足を会社が負担する

私は「**採用時の資質で将来伸びるかどうかの8～9割が決まる**」といっていますが、それはおもに、企業を将来にわたって支えるトップパフォーマーについてであり、新卒採用そのものには入社後の教育もとても大事なことですし、それ次第で将来の活躍度は相当変わっていくものと思います。

一部の大企業ではこんなことは必要ないかもしれませんが、現在の採用と社内教育は一体化しつつあり、内定段階で後の教育コストを見積もるような判定をしておかないと、全体としての調達コストが見えづらくなるのです。

採用チームは入社後1年間、教育係をすべき

いずれにしても、バブル崩壊以降この十数年の社会の変化は大変激しいもので、採用・教育のマーケット（ニーズ）は大きく変わりました。そういう中で企業がおこなう採用、教育活動はバラバラではいけません。それぞれを補完するようなシステムをつくるべきなのです。

いわゆる22歳人口は15年で30％以上減少し、有効求人倍率などは景況感によって上下するでしょうが、学生の資質と志向の変化は加速し、元に戻ることはないでしょう。同時に、企業も環境変化の荒波の中で、常に変化を強いられています。

こういう時代の**入社後最初の社内教育は、新卒採用担当者がおこなうことが一番よい**と思います。採用担当者の仕事が入社式や内定式までだと、（社内）顧客である配属先管理職から距離がありすぎて、**投資としての人材戦略**を学べません。その結果、日本企業の採用チームは、発想が小さく、目先の市場動向やテクニカルな議論が中心で、投資活動の中でどんどんその存在を小さくしているように見えます。そういう観点から、採用担当者は、入社後1年間は、彼らの教育係あるいはメンターを担当すべきで、翌年の採用は、別のスタッフが担当したほうがよいと考えます。最近は、このことが理解されて、採用チームが二つつくられ、

２００９年採用チームが入社後そのまま彼らの教育係となり、２０１０年採用は、別チームが担当するという企業が現れてきました。とても良いことです。

入社後も彼らと接点を持つことで、採用選考で見えたものと違う部分が見えてきたり、評価が上がったり逆に下がったりします。また、たった1年でも、彼らの成長を目の当たりにすることで、成長する人材の要素は何であるのか、という本質にも気がつきます。こういうことから、どういう人材を採用すべきかの発想が生まれ、それをどうやって見抜いていくかのヒントになるのです。

反対に、毎年同じような採用活動ばかりをやっていると、こうした本質や成果を気にする余裕がなく、こなすだけの業務になってしまい、採用業務の品質は、なかなか向上しないでしょう。私の知る限り、採用業務をやっている方は、業務に関わる知識はあるようですが、人材とパフォーマンスについて、勉強している人は本当に稀です。これでは、人事部門のキャリアアップとはいえないのではないでしょうか。

採用屋になってはいけない

早期離職の問題も、原因の一つはここにあります。人材の調達（採用）と教育というシステムをバラバラに考えるから、採用チームは「騙そうが、ごまかそうが内定式に来させれば勝ち、後は教育チームと現場の仕事だ」という採用屋の発想になってしまいがちです。一方、教育チームは、「年々手がかかって仕方ない。こんな非常識な奴しか採れないのか?」などと採用チームを非難します。配属される現場管理職も、簡単に離職でもされれば、トップからお叱りを受けますから、何かと採用・教育チームに苦言を呈することになりがちです。

私がここまでお話ししてきたように、学生のキャリア志向のゴールがどんどん短くなってきており、それに対応するためには、採用・教育・配属先が一体とならなければいけないのです。

ところで、また早期離職については、おそらく今後数年は減っていくと思います。もちろん景況感の問題もありますが、企業・学生双方が随分痛い思いを通じて勉強してきたからです。お互いがきちんとしたマッチングをするようになれば、結果として離職も減るでしょう。学生の立場から考えても、早期離職から転職を繰り返すような人たちは、「ダメな人材」というレッテルを貼られてしまう可能性もあり、結果的に「早期離職は損」になるのです。

もちろん、いまも大量の定期採用をしている企業では、2回の面接が精一杯で本当に合っているかどうかを見抜いている暇はないのです。そういう会社の早期離職率は、高いままでしょう。学生にそういうことが知れわたると、優秀な人たちが、その会社にはますます応募しなくなり、企業側も採用の方法を見直さざるを得なくなっていくと思います。

ある大手企業は１０００人規模の採用をしていますが、早期離職を防ぎたいと、入社後配属時に、配属先を選べるよう各部門とのマッチングする機会を設けています。いわゆる社内公募の学生版です。従来、人事部の業務命令で全社員が動いていたこの企業では、隔世の感があります。

過剰な職業選択の自由

人事部の理念として「自由と自己責任」を挙げる企業が増えています。私の勤めたＨＰも同様の考え方で人事管理をおこなってきており、私個人にとってはとても理想的な考え方だと思います。

一方で、**私たち日本人の多くは、まだ自由な選択という概念に慣れていません**。企業のＰＲやセールストークを信じきったり、「歴史のある大規模な企業は安心だ」という思い込みも強かったりするのです。そういう日本人が、いつでも企業や仕事を選べることのできる環境におかれて、少しおかしくなっているように私には見えます。仕事をやっていれば、嫌なことも辛いこともあるのは当たり前です。まだ、社会や仕事がよくわからない若者が、そういう気持ちになったとき、ふとネットにアクセスすると、「あなたの市場価値を調べよう」だとか「年収を上げるための転職成功物語」などおいしそうなメッセージが並びます。まるで、洋服かクルマの買い物のような軽さです。

問題は、**若い彼らが、仕事で壁に当たり、成長感を得られず、悶々《もんもん》ともがいているときこそ、小さな成功体験に向かっている大事なときである**のを誰も教えていないことです。彼らなりに苦労して、そこを抜け出し、成功体験を積むことが、入社3年間とくに大事なことであるのに、その貴重な体験をする前に、その機会を放棄してしまうのが早期離職です。あまりにもったいないと思いませんか？　職場の先輩や上司も「いまは自由な時代だから」などと腰が引けて、信念を持って若者にこういう基本を教えることから逃げているように感じます。

とくに、入社3年以内の離職は、それが一つの前例（クセ）になってしまい、それ以降「嫌なことから逃げる」クセが職業人生につきまとうことから、とても危険です。

一方、若者たちも先輩たちのキャリアの様子から、転職によるプラスマイナスに気がつきだしているようです。つまり、転職を繰り返せば繰り返すだけ、損になる可能性が高いということです。ネットや口コミで情報が素早く伝わる時代です。「どの会社にも問題はあり、何回転職しても、そのことはあまり変わらないな」ということがだんだんわかってくるでしょう。企業側も勉強をしたようです。第二新卒者をおもに受け入れてきた企業も、お金をかけるわりには、若さ以外に取り柄のないレベルの低い人材しか採れないことに気がついています。

しばらく景気が落ち込んで、人材市場が冷え切ってくるここ数年、「自由と自己責任」を落ち着いて考えてみる、とても良い機会でしょう。

早期離職はダメ人材のレッテル？

日本人は、大学教育が基本教育中心で、社会人としての専門性はほとんど教わらないので、原則として、最初に入社する企業でこの基本を学びます。ですから、欧米のように特定業務のプロフェッショナルをめざすまでに、数年かかり、最低でも入社3年間は基本を学びながら将来の方向を決める基礎となる期間なのです。だから、社会人としてしっかり教育をする構えで新卒採用をすべきで、「即戦力のたまご」くらいの考えで、日本の大学生の採用をしてはいけません。

この基礎教育をする企業と学ぶ学生のマッチングは、今のところシステムはなく、学生の直感力に頼ることになります。どの企業でも、「社員教育の強さ」を謳うので、本当のところは学生にはわかりようがないのです。だから、直感力のある学生が正しい選択をする可能性が高く、ボーッと生きてきた学生は企業からの情報を鵜呑みにして、失敗の確率が高まります。

こう考えると、大学生活までで自分を鍛えて直感力に磨きをかけてきた人と、そうでない人との間には、大きな差があることがわかります。早期離職者のほとんどは、企業を見抜く直感力が乏しいか、自己チューであることがわかってきました。自己チューとは、そもそも労働意欲が低い人もいますし、やりたい仕事志向ばかりが強く、その能力が足らないことに気がつかない人もいます。第二新卒として受け入れてきた企業も大体このことがわかってきたので、新卒採用とはまったく違うものだということが理解されつつあります。

そういう意味では、**日本の採用は、これからも新卒定期採用が一番**でしょう。早期離職率が30%とすると、少なくとも優秀な人材の70%の行き先がここで決まってしまうわけですから。第二新卒を含めた中途採用というものは、たまたま良い人が採れる場合もあるのでしょうが、その確率は非常に低いといわざるを得ません。従って、中途採用だけで事業をおこなっている企業は、人材面ではまだまだといえるでしょう。

新卒採用は早期離職ゼロが前提

当社でもまだまだ実績が出ていませんが、新卒採用は原則として３年以内の早期離職をゼロにすることを目標にすべきだと思います。

もちろん、プライベートな事情や、予測できない事態などで難しいこともあるでしょう。また、市場の激しい変化に合わせて企業の変化も猛スピードでおこなわれており、そういう環境下での定着は本当に難しい目標だと思います。ですが一方で、力を発揮しながら、３年、５年と仕事を続けていくことで、組織力が向上し、安定した企業の活力につながりますし、それこそが新卒採用の目的だと思うのです。

ただし、そのためには、やるべきことが本当にたくさんあります。入社後配属して、あとは現場任せではまったく通用しないことは、何度も申し上げてきた通りです。早期離職を防ぐ施策のいくつかをまとめてみます。

①キャリア視点での目標の進捗管理を、年に2～4回実施する

直属上司と若手社員とが「目標の摺り合わせ」のための面談をおこないます。目標というと売り上げ目標月額○○万円というような業務目標と思うかもしれませんが、新人のうちは、むしろ、そうした成果を生み出す能力や資質の発揮度についての目標を立てるのです。つまり、仕事とそこから得られる能力アップを関連づけ、目標にすることで仕事の意義が理解でき、本人がとてもやる気になるのです。

②メンター制度を導入する

「企業人」としてのスキルアップを指導するのが上司や先輩だとしたら、「社会人」として相談に乗ったり、同じ悩みを抱える同じ目線の兄貴・姉貴役になったりするのがメンター制度です。

これはコミュニケーションの逃げ道という見方もできます。若い彼らが数年後の自分の姿を想像しやすいという利点もあります。メンターは、切れ者やとんがった人は不適切のようです。むしろ若い後輩の愚痴を聞き続けられるような我慢強いタイプがよいで

しょう。

人事部としては、若手社員とメンターの相性（人選）や機能として捉えるだけではなく、「血の通った」支援体制づくりをおこなうことが重要です。

③新人による後輩の採用や内定フォロー

1年目社員による内定者フォロー企画の提案・運用も役立ちます。新卒採用のメリットの一つは、1年先輩の社員が、後輩の入社前後から急激に成長することです。その効果を利用して、内定者フォローから新人教育までの企画と管理を彼らに任せてみるのです。自らの失敗体験から、後輩たちに深い愛情を持って臨むため、成果とともに、彼ら自身のモチベーションアップにもつながります。

入社までのフォロー

さて、それでは採用後のフォローや育成を時系列で見ていきたいと思います。

入社までのフォローが、約1年と長期化しており、そのためのコストが上昇しています。

そして、お話ししたように社会人としての基礎スキルがない状態で入社する学生が多いので、この時期に教育もしなければなりません。

そのために、4年生の内定フォロー期間にいろんな教育をしたり、価値観のマッチングを図ったりするわけです。入社時点で、少なくともマナーや考え方において、なるべく職業人として一人前の状態にしようと各企業とも必死です。

一般的なフォローは、相変わらず、懇親会やテーマを定めたワークショップなどをおこない、同期や人事部との関係構築、あるいは会社の事業内容や基本知識を身につける、といったものが多いようです。社内報を配布したり、人事部から定期的なお知らせや情報発信があり、意識して双方向のコミュニケーションを図ろうという動きも定番ですが、最近は社内の全社的イベントに呼ぶようなケースも多いと聞きます。

教育は、本当に基本的なことですが、①時間や納期を守る、②レポートの書き方、③ホウレンソウのおこない方、④チームで仕事をするポイント、⑤マナーや常識、などが主流だと思います。少し前までは、入社オリエンテーションとして、入社以降数週間でやっていたものが前倒しになっているようです。それくらい、各社とも人材投資の観点から回収を早めようとしているのだと思います。

私は、この仕事は、採用担当者の大事な仕事であると思っています。内定時点での過不足感をいかに入社までに埋めて、教育チームや現場マネジメントに渡すかは一貫している仕事だと思うからです。同時に、この業務を通じて、学生の人となりがよくわかりますので、配属そのものへのフィードバックや、上司へのアドバイスもとても的確になるというメリットもあります。

入社から3ヶ月

当社やクライアントの新人を見ていると、最初の数ヶ月は、その人の志向と基礎能力で、パフォーマンスに差が出ます。志向の中でも最たるものは、達成志向とか向上心とか呼ばれる自発性のエネルギーです。

とくに、いち早く一人前になりたいと強い意志を持っている人は、仕事に取り組む姿勢、時間の使い方、周りとのコミュニケーションスキルなどで、一歩先んずることが多いようです。

こうした違いから、周りの管理職や人事部では、「あいつは期待できそうだな」とか「彼女は、採用面接で感じたほど向上心がないな」などという印象を持ちます。

基礎能力で大きな差が出るのは、仕事をこなすスピードと正確さです。これは、センスとか要領の世界ですが、人により大きな差を感じます。ゼミやアルバイトで協働による仕事や、時間が限定されるタフな経験がある人と、のんびりやってきた人に大きな差が出ます。

ですが、私は、この時点での差はあまり気にしません。素養の勝負なので、採用選考時の評価を読み返しながら、どういう差が出て、それを面接でどうしてつかめなかったのかをレビューするようにしているだけです。とくに、業務スピードや正確性は、時間がかかっても基礎的な力があれば、いずれ追いつきます。この時点で、早計な評価はしないほうがよいでしょう。

入社後半年まで

最初の３ヶ月で生じた差がだんだん埋まってきます。ただ、期待に反して上手く成長できない新人に共通しているのは、志向と能力のバランスが悪いケースが多いのです。これは、たとえば、与えられている事務業務が半人前にも至らないにもかかわらず、そのことに向き合おうとせず、その先の専門職やプロフェッショナルにあこがれ、高度な仕事ばかりをやりたがるというようなことです。

この段階の教育で大事なことは、目先の仕事に没頭することでやりがいが見つかるということを上司や先輩がしっかり教えることです。

「**目の前の地味な業務を一つずつ克服し、小さな成功体験を積み上げることが成長なのだよ**」ということを経験してきた先輩が自信を持って教えてあげる。これに理屈はありません。なぜならば、「**やるべきことをできるようになることが、結果としてやりたい仕事になる**」という成長の基本を新人は知らないからです。情報過多と強い成長志向の中で、こういう真実を教えてあげるのは、先輩たちの大事な仕事だと強く思います。

入社３ヶ月も経つと、会社に通うという行動にも慣れてきて、必死さが多少消えて、余計な心配も生まれる時期でもあります。この時期、**上司やメンターの声がけを中心に**、**コミュニケーションの量を増やすことも大切**です。あるいは、意図していろんな人が声をかけて、かまってあげることも大事です。多少甘えたことはいいますが、まずは聞いてあげる、そして理解を示してあげることがヨチヨチ歩きのこの時期には、とても大事な対応なのです。

入社後１年まで

入社からの半年間は、その人の持つ資質と志向でとても差がつくように見えます。

それは、与える仕事が単純なものが多く、新人も仕事をこなすことに必死ですから、日々の成果が見えやすく比較しやすいからです。とくに、向上心が高く、目的意識の高い人は、周りの期待を高めるようなすごい成長を見せたりもします。

そんな彼ら彼女らも、入社後半年から1年の間は、それなりに伸びてきて、いわば味のある多様な成長が見られる時期となります。

同じ会社の同期たちは、そもそもの能力や資質に大きな差があるわけではなく、少なくとも2年は見ないと正しい評価はできません。当社やクライアントの事例を見ても、入社後の半年間とその後の1年半では成長カーブに大きな違いが出てきます。

そして、ここで彼らは一つの壁に当たります。

それは、入社前に描いていたキャリアビジョンと現実の業務との差についてです。「こんな仕事をやっていて、目標通りの社会人になれるのだろうか」とか「他の職場に配属された同期と差がつくのではないか」などといった不安に襲われるケースが多く見受けられます。

そこで大事なのは、「必ずしも最初に目標（キャリア）ありきではないのだよ」ということを、当人たちに気づかせてあげることです。

もちろん、目標を持って生きることのすばらしさを否定するつもりはありません。目標から戦略的に考える思考も、尊重されるべきでしょう。

ですが、ここで申し上げたいのは、就職活動の延長で、夢のようなキャリアを描いてしまっていないか、ということです。実際の仕事にギャップを感じ、モチベーションを落としてしまうと、この時期、問題は深刻になりがちです。

それを防ぐには「**目先の仕事に小さな成功体験と喜びを見つけたら、それに夢中になればよい。あなたが描いたキャリアビジョンは、その延長線上にきっと見えてくるはずだ**」ということを信念を持って、繰り返し教えていくしかありません。

これが腹に落ちると新人も安心して、そこからさらにグイっと伸びます。将来を展望するキャリアも大事ですから、年に1～2回は、キャリアの棚卸しのための面談によって安心してもらいましょう。

いまの仕事の意義と、将来身につくスキルや経験をきちんと教えてあげれば、あとは自分で「今後どういう目標で働くべきか」を真剣に見直すでしょう。

入社3年目までの対応

2年、3年となると、もう新人とは呼べません。次々と新しい人が下に来ますし、仕事も加速度がついたように忙しく、複雑になっていくはずです。

ところが、彼らはまだまだ未熟でキャリアに対して不安を持っています。間違いやすいのは、次に入ってくる新人の育成ばかりに目が行って、彼らを放置しがちになってしまうことでしょう。実際のところ、彼らの意識が社会人として通用するようになるまで3年ぐらいかかると思っておいたほうがいいでしょう。

実際には、2年間でかなり大人になります。意識、考え方も成長してきますし、バランスも取れてきます。自分が自分らしくありたいという部分と、もっと成長したいという意識が、だんだん企業側の理念・方向性と合ってきて、管理職とも同じ目線で会話ができるようになります。

私は、2年から3年は子どもの成長期でいえば、思春期のようなものだと思っています。幼い正義感や倫理観から、仕事や組織というものがだんだん実感できてきて、社会人としてのあり方を腹に落としていくような時期です。

自己中心に短期のキャリア志向に支配されたり、青い鳥を追いかけるような地に足の着かない夢ばかり語る青さが取れて、仕事を覚えるのには時間がかかるものだということがわかり、同時にいまの仕事に集中することで、やりがいが感じられるようになってくるのです。

こういう時期の育成プログラムは、どうあるべきでしょうか。一言でいえば、それは**絶え間ないコミュニケーション**でしょう。人事部長が年に１回、全社員と個別面談する会社もあります。社長が面談をする会社もあります。メンターや直属上司がフォローする会社もあります。いずれにしてもコミュニケーションの量を増やすことが一番大事でしょう。この大切な時期に上手く育ってもらうには、これに尽きるでしょう。

ただし、上司だけに頼れない場合も多いと思います。第１章で詳述したように、上司の多くはプレーイング・マネージャーですから、忙しく、自分の仕事を優先しがちです。それでも、少なくとも時間全体の20％くらいは部下を見てほしいのです。また、会社としても、そんな忙しい上司に「やっておけよ」というだけではいけません。バックアップする仕組みを設けておくことです。

ただし、形式的なコミュニケーションは、あまり役に立ちません。朝礼のような上意下達のものはいくらやっても、育成上の効果はありません。

毎週の売上報告をベースとする営業会議も、無意味でしょう。こうした方法は、会話の苦手な日本人特有のもので、ラポール形成以上の効果はあまりありません（合理的に考えれば、ＩＴの活用でカバーできます）。

結局ホウレンソウが一番！

では、どういう方法がよいのでしょうか。

上司のあなたは、原点に返って、**仕事を通じて育成する**ことに徹すればよいのです。

まずは目標設定でしょう。本人の能力を少し超えるチャレンジングな目標を与えます。この目標とは、わかりやすい業務目標と、それにともない身につくスキルや経験をわかりやすく説明するとよいでしょう。最初は、報告期限、最終納期、進め方の注意点などを具体的に示してあげます。もちろん成熟度に応じて、報告頻度、細かい指示は減らしていきます。

そしてこれがとても大事なことですが、**1週間に1回は、必ず進捗報告をさせるための定例ミーティングを一対一ですること**です。この時間は、とことん部下の立場に立って、報告を聞き、相手を理解し、そのうえでアドバイスをする、これを繰り返します。これがコミュニケーションです。「こういうふうにできるといいんだよ」「期日はこうだよ」「目的、できあがったゴールイメージはこんなだよ」「ここがポイントだよ」「それは自分で考えてやりな

図3　仕事のPDCAサイクル

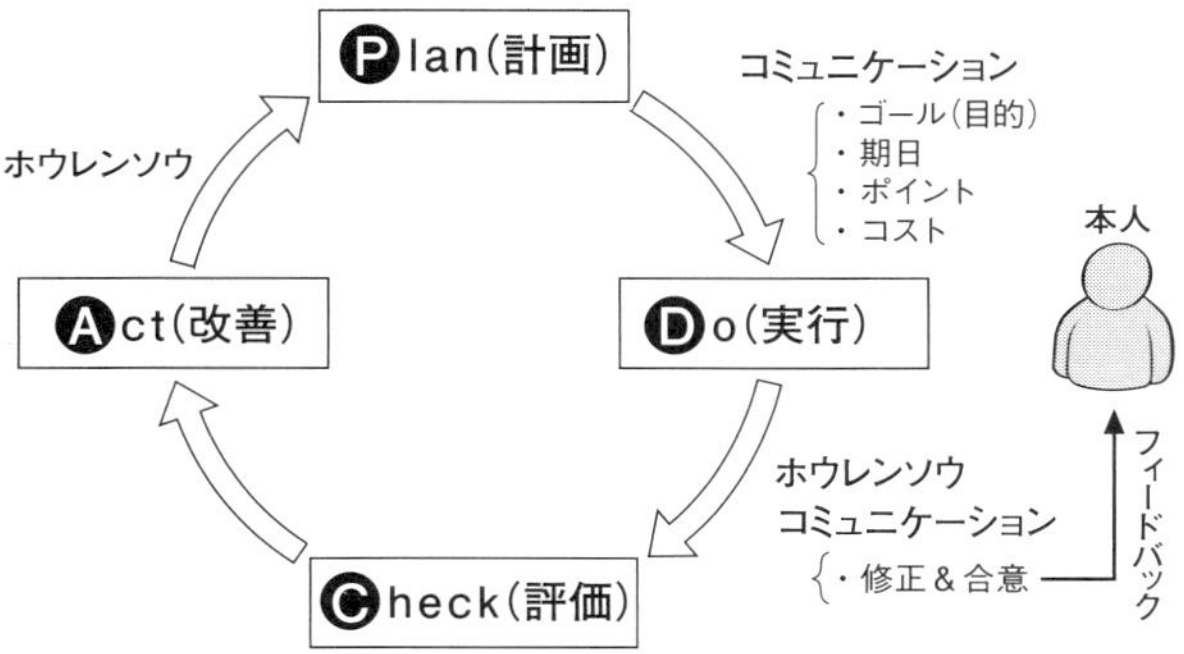

さい」と。

こういうことを話してあげる。時間にして15〜30分ほどでしょうか。フィードバックをする時のポイントは「君の目標は○○の経験から1年以内に××のスキルを身につけることだよね。それが、あなたのキャリア目標のここにつながるよね。だから、いまは苦しいだろうけど、ここで逃げちゃだめ、必ずあなたなら後1ヶ月もすれば克服できるから」などとアドバイスします。

自らの報告に対して、こうしたフィードバックを上司からもらうことで、彼らは仕事の意義を感じていきます。こうなるとしめたものです。どんどん自分で考えて仕事をやっていくサイクルに入るでしょう（図3）。

そのためには、上司が相当の時間と体力を部下に使うことになります。実際、このことを実践できている管理職は、まだまだ稀だと思います。それだけ大変なことでしょうが、やはり入社2～3年は我慢して、これを続けるべきでしょう。

そもそも、若い彼らの成長意欲は高く、こうした支援活動を通じて成長していく彼らを横目で見る喜びは、味わった者でなければわからないものです。上司冥利《みようり》に尽きる、ということでしょう。

メンターはなぜ必要か？

このように、新人育成の責任者は間違いなく彼らの上司ですが、それでも、いくら彼らが限られた時間の中で、一所懸命に育成のためのコミュニケーションを繰り返しても、新人たちはふと不安を感じるものなのです。上司は常に多忙ですから、話を聞いてほしいときに、すぐ相談をするとか、上司とは別に、高い視点でアドバイスをしてほしい、というような気持ちを持っています。

こういう支援体制があると、彼らのキャリアに対する不安感が払拭《ふつしよく》され、安心して目の前の業務に没頭するでしょう。このようなコミュニケーションの逃げ道をメンター制度といいます。当社の事例ですが、そういう役割を、役員にさせています。小さな会社なので、高い視点での客観的なアドバイスをするために役員を選んでいます。実際に彼らがやっていることは、月に1〜2回、ランチを食べに行くだけです。たったこれだけでも、すごく上手く機能するのです。直接仕事に関わるわけではないので、自然に「最近はどうだ?」「何か悩みはないか?」という話しかしません。これだけのことで、視線が上がり、不安がなくなります。

やり方はいろいろあるでしょうが、大事なポイントは、**「聞く」ことに徹する**ことです。アドバイスはしっかり聞いて、理解したうえでのことです。「オレはコミュニケーションをしっかり取っている」というオジサマ管理職のほとんどが、飲みに連れて行って、ひたすら自分の話を聞かせていることが多いのも、こうした基本的なことがわかっていないからでしょう。多くの上司は、話すことが大好きで、聞くことは苦痛で仕方がないようです。

人事制度やイベントの効用

このような上司を中心にした一対一の個別コミュニケーションを補完するのが、組織でおこなうコミュニケーション・イベントです。近年、一部で復活している社員旅行や集合寮はその典型ですが、それ以外も、社員総会、飲み会、オフサイトミーティングなども、自分のキャリアと仕事、そして会社をつなげる定期的なカンフル剤です。

ほめる文化の流行を利用して、評価に直結するイベントもよく実施されています。社員総会などでおこなう表彰制度は、年々立派な演出が増えてきて、受賞者を泣かせることが目的化しているきらいもありますが、一方で評価を公開するこの制度は、会社と社員の何よりのコミュニケーションでしょう。

理念とか考え方を具現化するものであれば、イベントや表彰などもいろいろやってもいいと思いますが、「雰囲気が悪いから何かやろう」というのは、表面的には盛り上がるものの、それほど意味のあることだとは思えません。だいたい、こうしたイベントの効果は一過性で、長持ちしないのです。

継続することは大事ですが、一回ごとの効果は、その場限りと割り切ったほうがよいでしょう。従って、こうしたイベントは、常にコストパフォーマンスの視点で検討を続けましょう。思いつきや、やりっ放しは本当にお金のムダです。大体は、経営者や管理職の自己満足でおこなうものになりがちです。

女性新入社員の育成について

ここ数年、本格的に、女性の採用がフェアにおこなわれるようになり、男性と同じ条件、仕事内容で職場に配属されるようになりました。男女雇用機会均等法の施行からは随分時間が経ちましたが、実際の現場では、管理職に男性が多いことから、混乱が多く、相談が絶えません。そこで、ダイバーシティの時代ということもあるので、同じ新人育成でも、女性の場合の注意点について触れておきましょう。

近年、採用における女性の優秀さ、評価の高さを耳にすることが多くなっています。これは、中小企業だけの話ではなく、日本のトップクラスの企業でも同じです。バブル期でも氷河期でも、就職で苦労してきた女性ですが、社会の変化の中で企業がようやく男女均等に採用をするようになり、多くの優秀な女性が、一点突破へとすごい集中力を発揮するからです。印象だけで採用してしまうと、面接官、採点者から見て異性のほうが好印象になるのは間違いなく、男の面接官なら女子学生のほうが印象も良くなってしまうということもあるでしょう。

優秀な女性は入社後３年以内でも、瞬発力と爆発力を発揮します。いわば全速力で走る短距離ランナーです。60歳まで職場で生き抜くＤＮＡを持つ男性とは、この点で異質なものを感じます。彼女たちの多くは、世間体を気にして企業ブランドにこだわるより、個人の価値観を大切にして、企業を選びます。そして、入社後もアクセルを踏むことは上手ですが、一方でブレーキの踏み方はあまり上手ではないように見えます。

一般論ですが、こうした優秀な女性スタッフについては、管理職がきちんと見てあげてブレーキを踏んであげないと、優秀さが長続きせず燃え尽きてしまう危険性があります。中長期的な展望や方法論を描くのがあまり得意ではないにもかかわらず、無理をして自分の将来像を確立しよう、という人も多いようです。こういう人は、地に足が着きません。いまの仕事をとことんやりぬく中で仕事の深みや喜びを見出していくのは、上司の指導がきちんとしていることが前提でしょう。失敗から学ぶ、ということが成長の大事なプロセスですが、そういう開き直りが不得手で、失敗を異様に恐れるような脆さも散見します。

こうした優秀な女性スタッフを入社後預かる管理職は、どうすべきでしょうか。

まずは、コミュニケーションの回数と量を多くすることです。とくに、**上司が男性の場合は、男性の常識を一度捨てて、より相手を理解して話を聞くという時間を持ったほうがよい**でしょう。アドバイス以前に話を聞くことそのものが、効果を生むからです。

そもそも、一般論として**会社とか職場というものは男社会**ですが、男性に都合の良い自己中心的なコミュケーションは、女性に対してはことごとく通用しません。たとえば、育成の方法には、突き放す、とか無視する方法もありますが、女性には簡単に使えないと思います。したがって、なるべく一人ひとりの個性を尊重したコミュニケーション方法がよいでしょう。

具体的には、ほめる行為は、その場ですぐにおこないます。さり気ないやり方にすべきか、あるいは他の人に聞こえるようにやるかは相手次第です。反対に叱る場合は、個室で冷静に「客観的な事実に基づいて」おこなうことが大事です。いずれのフィードバックも、恥ずかしがらずに、とにかく頻度を多くすることが鉄則でしょう。言わなくてもわかる、とか以心伝心というのは、男社会や夫婦間で通用する常識だと心得ましょう。

おわりに　採用・教育は投資活動である

ついこの間まで、採用氷河期などといわれていたのが、ウソのように２０１０年入社組の採用戦線は、就職氷河期に逆戻りです。このような変化を嘆いていても何も始まりません。私たちは当面、こういう激変する環境の中で必死に生きていかざるをえないでしょう。

さて、私が独立する10年前と比べて、いまの人事部の役割は大きく変わってきたと思います。一言でいえば「事務屋としての人事から、投資家としての人事」への転換です。高度成長が終わり、サービス業が中心になってきた日本経済において、採用・定着・育成を通じて組織力を向上する人事部の役割は、他のどの資源（資産）よりも重要性が増し、中長期の企業業績を左右するようになってきたのです。昨今の人事部長に、優秀な営業部長が異動するケースが増えてきたことも、その表れでしょう。

人事の問題は、経営者にとって常に頭痛の種でした。なぜかというと、「人の能力や心の中」はよくわからないからです。人というものは、どんな能力にもとづいて、どんな環境で成果を出し続けるのか――これを見極めることは本当に難しいことです。ですから、多くの経営者にとって、もっとわかりやすくて得意な仕事、たとえば営業や製品開発を自分の仕事とし、人事は総務部長にお任せ、となってしまうわけです。

ところが、前述したように、採用・教育が重要な投資活動となり、このことから逃れられない企業は、この活動をもっと合理的におこなう必要があり、同時にITシステムを使った人材の研究も進みました。

私たちのトライアンフという会社では、クライアントに支援サービスを提供する前に、こうした実験を日々おこなっています。例を挙げると以下の通りです。

・適性試験を有効活用すると、採用エラーがどの程度減るのか？
・面接官の適性と精度は、何で左右されるか？

・人材の能力のうち、教育で補えるものは何か？　そのコストはいかほどか？
・ホワイトカラーの時間当たり生産性を上げるためには、何を止めるべきか、どういうルールで仕事をするべきか？
・投資の観点で、育成すべき人材と辞めてほしい人材の違いは？

これらをすべて定量化（数値化）して、その投資効果を検証していく、というのが、当社設立の趣旨であり、同時に事業上のこだわりでもあります。このような壮大な実験から得たものを常にクライアントに提供し続けていくことで、投資活動としての人事を支援していければ、これ以上の幸せはないと考えます。

最後に、本書は、ご提案いただいた光文社新書編集部の黒田剛史さんと、多忙な私のサポートを続けてくれた当社の奥原崇行君の協力でできあがりました。この場を借りて御礼を述べたいと思います。

樋口弘和

樋口弘和（ひぐちひろかず）

1958年東京都生まれ。早稲田大学卒業後、横河ヒューレット・パッカード（現 日本ヒューレット・パッカード）に入社。採用、教育、給与システムなどの人事部門に勤務し、コンピュータ事業部の人事部門を統括。米国本社でキャリア採用の現場や最先端の人事を学ぶ。'98年に人事・採用のアウトソーシングとコンサルティングを手掛ける株式会社トライアンフを設立。著書に『「やめさせない！」採用――かまってほしい若者たち』（講談社）など。ブログやメルマガ「トライアンフの種」でも、人事の有益情報を発信中。

新入社員《しんにゅうしゃいん》はなぜ「期待《きたい》はずれ」なのか
失敗《しっぱい》しないための採用《さいよう》・面接《めんせつ》・育成《いくせい》

2009年1月20日初版1刷発行

著　者――樋口弘和
発行者――古谷俊勝
装　幀――アラン・チャン
印刷所――萩原印刷
製本所――ナショナル製本
発行所――株式会社光文社
東京都文京区音羽1-16-6（〒112-8011）
http://www.kobunsha.com/
電　話――編集部03(5395)8289　販売部03(5395)8114
業務部03(5395)8125
メール――sinsyo@kobunsha.com

　ISBN 978-4-334-03488-7

光文社新書

191
さおだけ屋はなぜ潰れないのか？
身近な疑問からはじめる会計学
山田真哉
挫折せずに最後まで読める会計の本――あの店はいつも客がいないのにどうして潰れないのだろうか？　毎日の生活に転がる「身近な疑問」から、大ざっぱに会計の本質をつかむ！

197
経営の大局をつかむ会計
健全な〝ドンブリ勘定〟のすすめ
山根節
会計の使える経営管理者になりたかったら、いきなりリアルな財務諸表と格闘せよ。経理マン、会計士が絶対に教えてくれない経営戦略のための会計学。

206
金融広告を読め
どれが当たりで、どれがハズレか
吉本佳生
投資信託、外貨預金、個人向け国債……。「儲かる」「増やす」というその広告を本当に信じてもよいのか？　63の金融広告を実際に読み解きながら、投資センスをトレーニングする。

297
ざっくり分かるファイナンス
経営センスを磨くための財務
石野雄一
「セミナーに通ったり、参考書を何冊も読んだけどまったく理解できない」――とかく難しいと思われがちな企業財務のポイントを、気鋭の財務戦略コンサルタントがざっくり解説。

300
食い逃げされてもバイトは雇うな
禁じられた数字〈上〉
山田真哉
あの有名な牛丼屋にはなぜ食券機がないのか？　1グラムのことを、なぜ「タウリン1000ミリグラム」というのか？――数字がうまくなるための、「さおだけ屋」第2弾！

336
「食い逃げされてもバイトは雇うな」なんて大間違い
禁じられた数字〈下〉
山田真哉
「1億円が12本」も出た宝くじ売り場で買えば、当たるのか？　本当に、会計がわかればビジネスもわかるようになるのか？――数字や常識に騙されないための、「さおだけ屋」完結編。

324
お金は銀行に預けるな
金融リテラシーの基本と実践
勝間和代
お金を貯めること、お金を預けることは、人生設計上のリスクです。年金不安、所得格差が進む中、生活を守るために必要な考え方とノウハウを、第一人者が分かりやすく解説。

光文社新書

322 **高学歴ワーキングプア**
「フリーター生産工場」としての大学院
水月昭道

いま大学院博士課程修了者が究極の就職難にあえいでいる。優れた頭脳やスキルをもつ彼らが、なぜフリーターにならざるを得ないのか？　その構造的な問題を当事者自ら解説。

328 **非属の才能**
山田玲司

群れない、属さない――「みんなと同じ」が求められるこの国で、「みんなと違う」自分らしい人生を送るためのコツを紹介する。行列に並ぶより、行列に並ばせてやろうじゃないか。

331 **合コンの社会学**
北村文、阿部真大

私達が求めるのは「理想の相手」か？　それとも「運命の物語」か？　誰もが知りながら、問うことのなかった「合コン」という〝社会制度〟を、新進気鋭の研究者が解き明かす！

340 **実は悲惨な公務員**
山本直治

グータラなくせにクビがない税金泥棒！――激しいバッシングを受けて、意気消沈する公務員たち。官から民に転職した著者が、「お気楽天国」の虚像と実像を徹底レポート。

354 **崖っぷち高齢独身者**
30代・40代の結婚活動入門
樋口康彦

人づきあいの苦手な人、〝運命の出会い〟を信じる人こそ結婚活動を始めて前向きに生きてみよう。お見合いパーティ（114回）と結婚相談所（68人）を知り尽くした著者が贈る金言集。

358 **「生きづらさ」について**
貧困、アイデンティティ、ナショナリズム
雨宮処凛　萱野稔人

多くの人が「生きづらさ」をかかえて生きている。これは現代に特有のものなのか？　不安定な労働や貧困、人間関係や心の病など、「生きづらさ」を生き抜くヒントを探っていく。

378 **就活のバカヤロー**
企業・大学・学生が演じる茶番劇
石渡嶺司　大沢仁

就職活動、通称「就活」は大いなる茶番劇だ。自己分析病にかかった学生、人材獲得に必死すぎる企業、就職実績をやたら気にする大学、三者三様の愚行と悲哀を徹底リポート。

270
若者はなぜ3年で辞めるのか？
年功序列が奪う日本の未来
城繁幸
仕事がつまらない。先が見えない――若者が仕事で感じる漠然とした閉塞感。ベストセラー『内側から見た富士通「成果主義」の崩壊』の著者が若者の視点で探る、その正体とは？

289
リーダーシップの旅
見えないものを見る
野田智義　金井壽宏
内なる声を聴き、ルビコン川を渡れ！世界がまったく違って見えてくる――「不毛なる忙しさ」に陥っているすべての現代人へ。一歩を踏み出すきっかけとなる書。

293
ものづくり経営学
製造業を超える生産思想
藤本隆宏
東京大学ものづくり経営研究センター
戦後日本企業が蓄積してきた生産現場の能力は、製造業、サービス業の構造変化、国際競争の中でどのように生かせるのか。実践・研究の両面から、「ものづくり」を実証分析する。

312
「命令違反」が組織を伸ばす
菊澤研宗
現代の組織が陥っている閉塞感、不条理を回避し、組織を進化させるのは「良い命令違反」であることを、太平洋戦争における旧日本軍の指導者の行動分析をもとに解き明かす。

320
社長の値打ち
「難しい時代」にどうあるべきか
長田貴仁
カンパニー制の導入や起業ブームで、現在は「社長乱発」の時代。比例して社長の地位が相対的に低下してきた。果たして真の経営者像とは？　社長研究の第一人者が、その答を探る。

346
会社を替えても、あなたは変わらない
成長を描くための「事業計画」
海老根智仁
あなたのやっていることは、本当に今やるべきことですか？――上場企業の現役経営者が語る、会社を飛躍的に成長させ、個人の明確なキャリアを築くツールとしての〝事業計画書〟。

368
組織を変える「仕掛け」
正解なき時代のリーダーシップとは
高間邦男
激しい環境変化に合わせて、組織を変えるには？　求められるリーダーシップのあり方は？　数多くの企業の組織変革に関わり、実績をあげてきた著者が、その方法論の一端を明かす。